„BÜCHER SIND WIE FALLSCHIRME. SIE NÜTZEN UNS NICHTS, WENN WIR SIE NICHT ÖFFNEN."

Gröls Verlag

Redaktionelle Hinweise und Impressum

Das vorliegende Werk wurde zugunsten der Authentizität sehr zurückhaltend bearbeitet. So wurden etwa ursprüngliche Rechtschreibfehler *nicht* systematisch behoben, denn kleine Unvollkommenheiten machen das Buch – wie im Übrigen den Menschen – erst authentisch. Mitunter wurden jedoch zum Beispiel Absätze behutsam neu getrennt, um den Lesefluss zu erleichtern.

Um die Texte zu rekonstruieren, werden antiquarische Bücher von Lesegeräten gescannt und dann durch eine Software lesbar gemacht. Der so entstandene Text wird von Menschen gegengelesen und korrigiert – hierbei treten auch Fehler auf. Wenn Sie ebenfalls antiquarische Texte einreichen möchten, finden Sie weitere Informationen auf www.groels.de

Viel Freude bei der Lektüre wünscht Ihnen das Team des Gröls-Verlags.

Adressen

Verleger: Sophia Gröls, Im Borngrund 26, 61440 Oberursel

Externer Dienstleister für Distribution & Herstellung: BoD, In de Tarpen 42, 22848 Norderstedt

Unsere „Edition | Werke der Weltliteratur“ hat den Anspruch, eine der größten und vollständigsten Sammlungen klassischer Literatur in deutscher Sprache zu sein. Nach und nach versammeln wir hier nicht nur die „üblichen Verdächtigen“ von Goethe bis Schiller, sondern auch Kleinode der vergangenen Jahrhunderte, die – zu Unrecht – drohen, in Vergessenheit zu geraten. Wir kultivieren und kuratieren damit einen der wertvollsten Bereiche der abendländischen Kultur. Kleine Auswahl:

Francis Bacon • Neues Organon • **Balzac** • Glanz und Elend der Kurtisanen • **Joachim H. Campe** • Robinson der Jüngere • **Dante Alighieri** • Die Göttliche Komödie • **Daniel Defoe** • Robinson Crusoe • **Charles Dickens** • Oliver Twist • **Denis Diderot** • Jacques der Fatalist • **Fjodor Dostojewski** • Schuld und Sühne • **Arthur Conan Doyle** • Der Hund von Baskerville • **Marie von Ebner-Eschenbach** • Das Gemeindekind • **Elisabeth von Österreich** • Das Poetische Tagebuch • **Friedrich Engels** • Die Lage der arbeitenden Klasse • **Ludwig Feuerbach** • Das Wesen des Christentums • **Johann G. Fichte** • Reden an die deutsche Nation • **Fitzgerald** • Zärtlich ist die Nacht • **Flaubert** • Madame Bovary • **Gorch Fock** • Seefahrt ist not! • **Theodor Fontane** • Effi Briest • **Robert Musil** • Über die Dummheit • **Edgar Wallace** • Der Frosch mit der Maske • **Jakob Wassermann** • Der Fall Maurizius • **Oscar Wilde** • Das Bildnis des Dorian Grey • **Émile Zola** • Germinal • **Stefan Zweig** • Schachnovelle • **Hugo von Hofmannsthal** • Der Tor und der Tod • **Anton Tschechow** • Ein Heiratsantrag • **Arthur Schnitzler** • Reigen • **Friedrich Schiller** • Kabale und Liebe • **Nicolo Machiavelli** • Der Fürst • **Gotthold E. Lessing** • Nathan der Weise • **Augustinus** • Die Bekenntnisse des heiligen Augustinus • **Marcus Aurelius** • Selbstbetrachtungen • **Charles Baudelaire** • Die Blumen des Bösen • **Harriett Stowe** • Onkel Toms Hütte • **Walter Benjamin** • Deutsche Menschen • **Hugo Bettauer** • Die Stadt ohne Juden • **Lewis Caroll** • *und viele mehr….*

Heinrich Schliemann

Ithaka der Peloponnes und Troja

Inhalt

Vorrede

Als ich im Jahre 1832 zu Kalkhorst, einem Dorfe in Mecklenburg-Schwerin, im Alter von zehn Jahren, meinem Vater als Weihnachtsgabe einen in schlechtem Latein geschriebenen Aufsatz über die Hauptbegebenheiten des trojanischen Krieges und die Abenteuer des Odysseus und Agamemnon überreichte, ahnte ich nicht, dass ich sechsunddreissig Jahre später dem Publikum eine Schrift über denselben Gegenstand vorlegen würde, nachdem ich das Glück gehabt hatte, mit eignen Augen den Schauplatz dieses Krieges und das Vaterland der Helden zu sehen, deren Namen durch Homer unsterblich geworden sind.

Sobald ich sprechen gelernt, hatte mir mein Vater die grossen Thaten der Homerischen Helden erzählt. Ich liebte diese Erzählungen; sie entzückten mich, sie versetzten mich in hohe Begeisterung. Die ersten Eindrücke, welche ein Kind empfängt, bleiben ihm während seines ganzen Lebens, und obgleich es mir bestimmt war, im Alter von vierzehn Jahren in das Materialwaarengeschäft des Herrn E. Lud. Holtz, in der kleinen mecklenburgischen Stadt Fürstenberg, als Lehrling einzutreten, anstatt die wissenschaftliche Laufbahn zu verfolgen, für welche ich eine ausserordentliche Neigung in mir verspürte; so bewahrte ich doch immer für die berühmten Männer des Alterthums dieselbe Liebe, welche ich für sie in meiner ersten Kindheit gehegt hatte.

In dem kleinen Laden, in welchem ich fünf und ein halb Jahr thätig war, zuerst bei dem genannten Hrn. Holtz, dann bei seinem Nachfolger, dem vortrefflichen Hrn. Th. Hückstädt, bestand meine Beschäftigung darin, Heringe, Butter, Branntwein, Milch, Salz im Detail zu verkaufen, die Kartoffeln zum Destilliren zu mahlen, den Laden zu fegen u. s. w.; ich kam immer nur mit der niedern Klasse der Gesellschaft in Berührung.

Von fünf Uhr Morgens bis elf Uhr Abends war ich im Geschäft und hatte keinen freien Augenblick zum Studiren. Auch vergass ich schnell das Wenige, was ich in meiner Kindheit gelernt hatte, verlor aber trotzdem nicht die Lust zum Lernen; ja, ich verlor sie nicht, und werde mein Lebelang daran denken, wie eines Abends ein betrunkener Müllergesell in den Laden kam. Er war der Sohn eines protestantischen Pfarrers in einem Dorfe bei Teterow und hatte seine Studien auf dem Gymnasium beinahe beendigt, als er wegen schlechter Aufführung relegirt wurde. Um ihn dafür zu bestrafen, hatte der Vater ihn das

Müllerhandwerk ergreifen lassen. Mit seinem Loose unzufrieden, hatte sich der junge Mann dem Trunke ergeben, der ihn indess nicht den Homer hatte vergessen lassen; denn er sagte uns aus ihm ungefähr hundert Verse mit Beobachtung des Rhythmus her. Obwohl ich kein Wort davon verstand, so machte doch diese klangvolle Sprache einen tiefen Eindruck auf mich, und ich weinte bittere Thränen über mein unglückliches Schicksal. Dreimal liess ich mir diese göttlichen Verse wiederholen, indem ich ihm drei Gläser Branntwein mit den wenigen Pfennigen, die mein ganzes Vermögen ausmachten, bezahlte. Von diesem Augenblick an habe ich nie aufgehört Gott zu bitten, es möchte mir durch seine Gnade gelingen, noch griechisch zu lernen.

Indess war keine Hoffnung für mich vorhanden, aus der traurigen und niedrigen Lage, in welcher ich mich befand, herauszukommen. Und doch wurde ich wie durch ein Wunder daraus gerettet. Beim Aufheben eines zu schweren Fasses beschädigte ich mir die Brust; ich spuckte Blut und war nicht mehr fähig zu arbeiten. In meiner Verzweiflung ging ich nach Hamburg, wo es mir gelang, mich als Schiffsjunge an Bord eines nach Laguayra in Venezuela bestimmten Schiffes anwerben zu lassen.

Am 28. November 1841 verliessen wir Hamburg, litten aber am 12. December bei einem furchtbaren Sturme an der Küste der Insel Texel Schiffbruch. Nach tausend Gefahren wurde die Mannschaft gerettet. Ich sah es als meine Bestimmung an, in Holland zu bleiben und beschloss, nach Amsterdam zu gehen und Soldat zu werden. Aber dies ging nicht so rasch, als ich gedacht hatte. Einige Gulden, welche ich auf der Insel Texel und zu Enkhuyzen als Almosen zusammengebracht hatte, waren in Amsterdam in zwei Tagen verthan. Da meine Hülfsquellen erschöpft waren, so stellte ich mich schwer krank und wurde ins Hospital aufgenommen. Aus dieser schrecklichen Lage befreite mich der brave Schiffsmakler J. F. Wendt aus Hamburg, welcher, als er von meinem Unglück gehört hatte, mir den Ertrag einer kleinen für mich veranstalteten Collecte übersandte. Er empfahl mich zugleich dem vortrefflichen Generalconsul der Nord-Conföderation in Amsterdam, Herrn W. Hepner, der mir eine Stelle als Büreaudiener bei Hrn. F. C. Quien verschaffte.

In meiner neuen Stellung war meine Beschäftigung, Wechsel stempeln zu lassen und sie in der Stadt einzucassiren, Briefe nach der Post zu tragen und von dort zu holen. Diese maschinenmässige Beschäftigung gefiel mir, weil sie mir Zeit liess, an meine vernachlässigte Erziehung zu denken.

Zuerst bemühte ich mich, leserlich schreiben zu lernen, und machte mich sofort, um meine Lage zu verbessern, an das Studium der neuern Sprachen. Mein Gehalt belief sich jährlich nur auf 800 Franken, von welcher Summe ich die Hälfte für meine Studien verausgabte; von der andern Hälfte lebte ich, aber freilich kümmerlich. Meine Wohnung, welche monatlich 8 Franken kostete, war eine elende Dachstube ohne Ofen, in welcher ich im Winter vor Kälte zitterte und im Sommer von der Hitze gesengt wurde; mein Frühstück bestand aus einem Brei von Roggenmehl, meine Mittagsmahlzeit kostete niemals mehr als vier Dreier. Aber nichts spornt mehr zum Studium an, als das Elend und die gewisse Aussicht, durch angestrengtes Arbeiten sich aus demselben befreien zu können. Mit ausserordentlichem Eifer ging ich an das Studium der englischen Sprache. Die Nothwendigkeit wies mich auf eine Methode hin, welche das Sprachstudium ungemein erleichtert. Diese Methode besteht darin, viel mit lauter Stimme zu lesen, keine Uebersetzungen zu machen, alle Tage eine Stunde zu nehmen, immer Ausarbeitungen über uns interessante Gegenstände niederzuschreiben, diese unter der Aufsicht des Lehrers zu verbessern, auswendig zu lernen und in der nächsten Stunde aufzusagen, was man am Tage vorher verbessert hat. Mein Gedächtniss war schlecht, weil es von Kindheit an nicht geübt worden war; aber ich benutzte jeden Augenblick und stahl sogar Zeit zum Lernen. Niemals machte ich meine Gänge, selbst bei Regen, ohne mein Heft in der Hand zu haben und auswendig zu lernen; niemals wartete ich an der Post, ohne zu lesen. Auf diese Weise stärkte ich allmälig mein Gedächtniss, und es gelang mir, in Zeit von einem halben Jahre die englische Sprache gründlich zu lernen. Nun wandte ich dieselbe Methode auf das Studium des Französischen an, dessen Schwierigkeiten ich ebenfalls in einem andern halben Jahre bewältigte. Diese angestrengten und übermässigen Studien hatten mein Gedächtniss innerhalb eines Jahres in einem solchen Grade gestärkt, dass mir das Studium des Holländischen, Spanischen, Italienischen und Portugiesischen sehr leicht erschien, und ich hatte nicht nöthig, mehr als sechs Wochen auf jede dieser Sprachen zu verwenden, um sie geläufig zu sprechen und zu schreiben. Aber meine Leidenschaft für das Studiren liess mich meine maschinenmässige Beschäftigung als Büreaudiener vernachlässigen, besonders als ich anfing sie als meiner unwürdig anzusehen. Doch wollten meine Vorgesetzten mich nicht befördern; sie glaubten wahrscheinlich, dass ein Mensch, der seine Unfähigkeit für die Beschäftigung eines Büreaudieners beweise, ebendeshalb zu einer höheren Leistung ganz untauglich sei.

Endlich hatte ich das Glück, durch die Fürsprache meiner braven Freunde, L. Stoll aus Mannheim und Ballauff aus Bremen, eine Stelle als Correspondent und Buchführer im Büreau der Herren B. H. Schröder u. Comp. in Amsterdam zu erhalten, welche mich mit einem Gehalt von 1200 Franken engagirten; als sie aber meinen Eifer sahen, zahlten sie mir, um mich anzuspornen, 2000 Fr. – Diese Grossmuth, für welche ich denselben ewig dankbar sein werde, begründete in der That mein Glück. Da ich nämlich glaubte, dass ich mich vielleicht durch die Kenntniss der russischen Sprache noch nützlicher machen könnte, beeilte ich mich, auch diese zu lernen. Ich konnte mir aber von russischen Büchern nur eine alte Grammatik, ein Lexicon und eine schlechte Uebersetzung des *Telemach* verschaffen. Trotz aller meiner Nachfragen konnte ich keinen Lehrer des Russischen finden, denn Niemand in Amsterdam verstand ein Wort von dieser Sprache. Ich machte mich also daran, ohne Lehrer zu studiren, und mit Hülfe der Grammatik lernte ich in einigen Tagen die russischen Buchstaben und ihre Aussprache. Dann fing ich an, meiner alten Methode folgend, kleine Geschichten eigner Ausarbeitung russisch niederzuschreiben und auswendig zu lernen. Da ich Niemand hatte, der meine Arbeiten corrigirte, so waren sie jedenfalls herzlich schlecht; aber ich suchte zu gleicher Zeit mich durch praktische Uebung zu corrigiren, indem ich den *Telemach* auswendig lernte. Ich glaubte, dass ich mehr Fortschritte machen würde, wenn ich Jemand bei mir hätte, dem ich die Abenteuer des *Telemach* erzählen könnte. Zu diesem Zwecke miethete ich für wöchentlich vier Franken einen armen Juden, der jeden Abend kommen musste, um zwei Stunden hindurch meine russischen Vorträge anzuhören, von denen er nicht eine Sylbe verstand.

Da die Zimmerdecken in Holland aus einfachen Brettern bestehen, so hört man im Erdgeschoss, was im dritten Stock gesprochen wird. Meine mit lauter Stimme gehaltenen Vorträge belästigten daher die andern Miether sehr, welche sich beim Hausbesitzer beklagten; und zweimal während meines Studiums der russischen Sprache zwang man mich auszuziehen. Aber diese Unannehmlichkeiten schwächten meinen Eifer nicht, und nach Verlauf von sechs Wochen schrieb ich meinen ersten russischen Brief an einen Russen in London und war im Stande, mich mit den russischen Kaufleuten, welche nach Amsterdam zur öffentlichen Versteigerung des Indigo gekommen waren, in dieser Sprache geläufig zu unterhalten.

Nachdem ich das Studium der russischen Sprache beendet hatte, fing ich an, mich ernstlich mit den Literaturen der erlernten Sprachen zu beschäftigen.

Im Anfang des Jahres 1846 sandten mich meine braven Vorgesetzten als Agenten nach St.-Petersburg, wo ich ein Jahr später ein Handlungshaus für meine eigne Rechnung gründete; aber während der ersten acht oder neun Jahre, welche ich in Russland verlebte, war ich mit Arbeiten dermassen überladen, dass ich meine Sprachstudien nicht fortsetzen konnte, und erst im Jahre 1854 wurde es mir möglich, das Schwedische und Polnische zu erlernen.

So gross auch mein Wunsch war, das Griechische zu lernen, so wagte ich doch das Studium desselben nicht eher zu beginnen, als bis ich einen gewissen Wohlstand erreicht hätte; denn ich fürchtete, dass diese Sprache einen zu grossen Reiz auf mich ausüben und mich dem Handel entfremden würde. Als ich indess meiner Lernbegierde nicht mehr widerstehen konnte, machte ich mich endlich im Januar 1856 rüstig daran, zuerst mit Herrn N. Pappadakes, und dann mit Herrn Th. Vimpos aus Athen, indem ich immer meiner alten Methode folgte. Ich gebrauchte nicht mehr als sechs Wochen, um die Schwierigkeiten des Neugriechischen zu bewältigen, und machte mich darauf an die alte Sprache, welche ich in drei Monaten hinreichend erlernte, um einige der alten Schriftsteller, und besonders Homer, zu verstehen, den ich mit dem lebendigsten Enthusiasmus las und wieder las.

Hierauf beschäftigte ich mich zwei Jahre hindurch ausschliesslich mit der altgriechischen Literatur und las während dieser Zeit fast alle alten Schriftsteller cursorisch, und mehrmals die Iliade und Odyssee.

Im Jahre 1858 bereiste ich Schweden, Dänemark, Deutschland, Italien und Aegypten, wo ich den Nil bis zum zweiten Katarakt in Nubien hinauffuhr. Ich benutzte diese Gelegenheit zur Erlernung des Arabischen und durchreiste darauf die Wüste von Cairo bis Jerusalem. Ich besuchte Petra, durchreiste ganz Syrien und hatte auf diese Weise hinlänglich Gelegenheit, die arabische Sprache praktisch zu erlernen, deren tieferes Studium ich in der Folge zu St.-Petersburg betrieb. Nächst Syrien besuchte ich im Sommer 1859 Athen, und war eben im Begriff, nach der Insel Ithaka abzureisen, als ich in eine Krankheit verfiel und gezwungen wurde, nach St.-Petersburg zurückzukehren.

Der Himmel hatte meine Handelsunternehmungen auf wunderbare Weise gesegnet, so dass ich am Ende d. J. 1863 mich im Besitz eines Vermögens befand, nach welchem zu streben mein Ehrgeiz niemals gewagt hatte. Ich zog mich daher vom Handel zurück, um mich ausschliesslich den Studien, welche den grössten Reiz für mich haben, zu widmen.

Im Jahre 1864 war ich auf dem Wege, das Vaterland des Odysseus und die Ebene von Troja zu besuchen, als ich mich veranlassen liess, Indien, China und Japan zu besuchen und die Reise um die Welt zu machen. Auf dieser Reise brachte ich zwei Jahre zu, und nach meiner Rückkehr im Jahre 1866 liess ich mich in Paris nieder, um meine übrige Lebenszeit den Wissenschaften zu widmen und mich vorzugsweise mit der Archäologie zu beschäftigen, welche Wissenschaft den grössten Reiz für mich hat.

Endlich konnte ich den Traum meines ganzen Lebens verwirklichen und mit Musse den Schauplatz der Begebenheiten, welche mir ein so grosses Interesse eingeflösst hatten, und das Vaterland der Helden besuchen, deren Abenteuer meine Kindheit entzückt und getröstet haben. Ich reiste also im verflossenen Sommer ab und besuchte nacheinander die Gegenden, in welchen noch so lebendige poetische Erinnerungen an das Alterthum vorhanden sind.

Doch hatte ich keineswegs den Ehrgeiz, eine Studie über diesen Gegenstand zu veröffentlichen: ich entschloss mich erst dann dazu, als ich fand, welche Irrthümer fast alle Archäologen über die einst von der Homerischen Hauptstadt Ithaka's eingenommene Stelle, über die Ställe des Eumäus, die Insel Asteris, das alte Troja, die Grabhügel der Batieia und des Aesyetes, das Grab des Hektor u. s. w. verbreitet haben.

Abgesehen von der Hoffnung, Meinungen, welche ich für irrthümlich halte, zu berichtigen, würde ich mich glücklich schätzen, dazu beitragen zu können, unter dem intelligenten Publicum Geschmack an den schönen und edlen Studien zu verbreiten, welche meinen Muth in den harten Prüfungen meines Lebens aufrecht erhalten haben und mir die Tage, welche ich noch zu leben habe, versüssen werden.

Paris, den 31. December 1868.

Heinrich Schliemann.
6 Place St.-Michel.

Erstes Kapitel
Korfu

Identität Korfu's mit dem Homerischen Scheria. – Etymologie des Wortes Korfu. – Geschichte der Insel. – Die beiden kleinen zwei Schiffen ähnlichen Inseln. – Paläopolis. – Die beiden Homerischen Häfen. – Κρεσσίδα Βρύσις. – Die Waschgruben der Nausikaa. – Alte Inschrift. – Es fehlt an Grenzlinien zwischen den Besitzungen auf Korfu.

Den 6. Juli, 6 Uhr Morgens, kam ich in Korfu, der Hauptstadt der gleichnamigen Insel, an und verweilte daselbst zwei Tage, um das Land zu besichtigen.

Nach dem einstimmigen Zeugniss des Alterthums ist Korfu die Insel *Scheria* oder das *Phäakenland* des Homer (*Odyssee* V, 34); die Insel wurde wegen ihrer Aehnlichkeit mit der Sichelgestalt auch *Drepane*, Δρεπάνη, genannt (*Apollonius* IV, 983; *Plinius* IV, 19).

Das Wort *Scheria* kommt ohne Zweifel von dem phönicischen *schera,* Handel, her, und da der Name der Phäaken auch grosse Aehnlichkeit mit demjenigen der Phönicier, "Φοίνικες", hat, so ist es wahrscheinlich, dass die Phäaken phönicischen Ursprungs waren, obgleich nach Homers Angaben sie der dem Lande der Cyklopen benachbarten Landschaft *Hyperien* entstammten (*Odyssee* VI, 3–8).

Βῆ ῥ᾽ ἐς Φαιήκων ἀνδρῶν δῆμόν τε πόλιν τε·
Οἳ πρὶν μέν ποτ᾽ ἔναιον ἐν εὐρυχόρῳ Ὑπερείῃ,
Ἀγχοῦ Κυκλώπων, ἀνδρῶν ὑπερηνορεόντων,
Οἵ σφεας σινέσκοντο, βίηφι δὲ φέρτεροι ἦσαν.
Ἔνθεν ἀναστήσας ἄγε Ναυσίθοος θεοειδής,
Εἷσεν δ᾽ ἐν Σχερίῃ, ἑκὰς ἀνδρῶν ἀλφηστάων.

„Sie ging in die Stadt und unter das Volk der Phäaken. Diese wohnten früher in den weiten Gefilden Hyperiens, in der Nähe der Cyklopen, der übermüthigen Männer, die ihre Felder plünderten und sie an Stärke übertrafen. Der göttliche Nausithoos liess sie von dort auswandern und in Scheria, fern von den räuberischen Menschen, ihren Wohnsitz nehmen."

Die Cyklopen müssen die Ostküste Siciliens bewohnt haben. In der That sieht man am Meeresufer, in der Nähe von Catania, eine ungeheuere Grotte, und neben dem Eingang einen mächtigen Felsblock von derselben Grösse wie die Oeffnung. In geringer Entfernung vom Meere erheben sich in Kegelgestalt zwei Felsen. Das ist gewiss die Grotte, welche Polyphem bewohnte, der Felsblock, mit welchem er sie verschloss, und die beiden Felsengipfel im Meere, welche er ausriss und in der Richtung schleuderte, wo er die Stimme des Odysseus vernahm (*Odyssee* IX). – Man verlegt Hyperien, die alte Heimath der Phäaken, an die Südküste Siciliens, an die Stelle, wo sich späterhin Camarina befand, welches in der That von Catania nicht weit entfernt ist.

Der gegenwärtige Name Korfu oder Korcyra ist eine Verderbung des byzantinischen Namens der Insel, Êïñõöþ, hergeleitet von den zwei hohen Spitzbergen, auf welchen die Festung erbaut ist. Dies sind wahrscheinlich die luftigen Burgen der Phäaken, *aëriae Phaeacum arces*, von denen Virgil spricht (*Aeneis* II l, 291). Die Griechen nennen die Insel „Κορυφώ,“, welchen Namen man schon bei Herodot (III, 48) findet; Strabo nennt sie „Κέρκυρα“, während sie auf den alten Münzen den Namen „Κόρκυρα“ führt.

Sie liegt Chaonien, einem Theile von Epirus, gegenüber, und wird davon durch einen Kanal getrennt, welcher im Norden eine Breite von noch nicht 4 Kilometer hat; dieser erweitert sich und bildet einen Golf, welcher an mehreren Stellen 24 Kilometer breit ist; alsdann verengt er sich wieder bis auf 7 Kilometer.

Die Länge Korfu's beträgt 65, die Breite 7 bis 34 Kilometer.

Die Insel ist sehr gebirgig; der höchste Berg, auf Italienisch *San-Salvatore* und auf Griechisch *Pantaleon* genannt, erhebt sich mehr als 1000 Meter über dem Meeresspiegel. Schon im Alterthume war sie wegen ihrer Fruchtbarkeit berühmt. Xenophon spricht davon in seiner Griechischen Geschichte (VI, 2): „Er eroberte das Land, verwüstete die herrlich angebauten Ländereien und plünderte die prächtigen Häuser und die Weinpflanzungen auf den Feldern, sodass die Soldaten durch Wohlleben so verwöhnt wurden, dass sie nur noch gewürzte Getränke trinken wollten.“

Nach Strabo (VI, 2) landete Archias, der Gründer von Syrakus, auf Korfu und liess dort den Chersikrates, einen Herakliden, zurück, welcher die Liburner, die damaligen Bewohner der Insel, vertrieb, die Stadt Korcyra erbaute und mit Korinthern bevölkerte. Dies geschah wahrscheinlich im Jahre 734 v. Chr., in welchem Jahre Syrakus gegründet wurde.

Die Kolonie lebte von Anfang an in Zwietracht mit dem Mutterlande, und nach Thukydides (I, 13) wurde die erste bekannte Seeschlacht zwischen den Korinthern und Korcyräern 260 Jahre früher, als er sein Geschichtswerk schrieb, geliefert. Nehmen wir nun an, dass er i. J. 405, nach dem Ende des peloponnesischen Krieges, schrieb, so wird die genannte Schlacht i. J. 665 v. Chr. stattgefunden haben.

Durch ihren Handel und ihre Industrie wurde die Kolonie so mächtig, dass sie i. J. 617 v. Chr. die Stadt Epidamnus an der illyrischen Küste gründete.

Korcyra war die Ursache des peloponnesischen Krieges, an welchem es einen sehr thätigen Antheil nahm; aber seine Macht schwand in den unheilvollen Kriegen, welche dem Tode Alexanders des Grossen folgten, sehr schnell dahin, und die Insel war glücklich, sich i. J. 220 v. Chr. unter den Schutz Roms begeben zu können.

Zwei kleine Inseln, die eine im jetzigen Hafen, die andere in dem kleinen Golf an der Nordküste der Insel, sind, aus der Ferne gesehen, Schiffen mit aufgespannten Segeln sehr ähnlich. Ohne Zweifel hat eine von diesen kleinen Inseln bei Homer die Vorstellung erweckt, dass das Phäakenschiff, welches den Odysseus nach Ithaka getragen hatte, auf seiner Rückkehr durch den Zorn des Neptun in einen Felsen verwandelt worden sei (*Odyssee* XIII, 159–164).

> Αὐτὰρ ἐπεὶ τόγ᾽ ἄκουσε Ποσειδάων ἐνοσίχθων,
> Βῆ ῥ᾽ ἴμεν ἐς Σχερίην, ὅθι Φαίηκες γεγάασιν.
> Ἔνθ᾽ ἔμεν᾽ · ἡ δὲ μάλα σχεδὸν ἤλυθε ποντοπόρος νηῦς,
> Ῥίμφα διωκομένη · τῆς δὲ σχεδὸν ἦλθ᾽ Ἐνοσίχθων,
> Ὅς μιν λᾶαν ἔθηκε, καὶ ἐῤῥίζωσεν ἔνερθεν,
> Χειρὶ καταπρηνεῖ ἐλάσας · ὁ δὲ νόσφι βεβήκει.

„Als nun Poseidon, der erderschütternde Gott, dies gehört hatte, eilte er nach Scheria, dem Wohnsitz der Phäaken. Dort verweilte er, und bald nahete das rasch dahin getriebene Schiff: der Erderschütterer näherte sich dem Schiffe und verwandelte es in Stein, und indem er mit der flachen Hand darauf schlug, befestigte er es im Grunde des Meeres; darauf ging er von dannen.“

Nach den Andeutungen, welche uns Homer in den folgenden Versen der *Odyssee* (VI, 262–264) giebt:

Αὐτὰρ ἐπὴν πόλιος ἐπιβείομεν, -- ἣν πέρι πύργος
Ὑψηλός, καλὸς δὲ λιμὴν ἑκάτερθε πόληος,
Λεπτὴ δ᾽ εἰσίθμη · νῆες δ᾽ ὁδὸν ἀμφιέλισσαι
Εἰρύαται.

„Aber wenn wir nach der Stadt gehen – sie ist von einer hohen Mauer umgeben, und auf jeder Seite befindet sich ein schöner Hafen mit einem engen Eingang, und die wohlberuderten Schiffe werden auf beiden Seiten des Weges ans Ufer gezogen;“ –

nach diesen Andeutungen, sage ich, findet man leicht die alte Stadt der Phäaken, an der Ostküste, auf einer *Paläopolis* genannten Halbinsel, im Süden der neuen Stadt Korfu.

Von den beiden von Homer erwähnten Häfen trennt der eine, jetzt Golf von Kastrades genannt, die Halbinsel von dem Vorgebirge, auf welchem die neue Festung liegt; der andere, Peschiera oder See von Kalichiopulos genannt, ist ein kleiner Golf, der die Halbinsel von der Küste durch einen engen Kanal trennt, welchen Homer vollkommen genau mit den Worten: „λεπτὴ εἰσίθμη „ (enger Eingang) bezeichnet. Dieser letztere Hafen ist ohne Zweifel der „Ὑλλαϊκὸς λιμήν“ (der Hylläische Hafen), den Thukydides erwähnt, und der Golf von Kastrades der „λιμὴν πρὸς τῇ ἀγορᾷ“ (Hafen am Marktplatz) (*Thukyd.* III, 72).

Da nach demselben Schriftsteller die alte Akropolis in der Nähe des Hylläischen Hafens war, so musste sie am äussersten Ende der Halbinsel, im Süden der alten Stadt liegen. Man sieht dort noch Ruinen von alten, sehr dicken Mauern, welche gar wohl der alten Citadelle angehört haben können; weiterhin die Reste eines kleinen dorischen Tempels.

Vom Palaste des Alkinoos ist keine Spur mehr vorhanden; nach meiner Ansicht lag er auf einer Hochebene der Halbinsel, am südlichen Ende der alten Stadt, und gerade an der Stelle, wo sich gegenwärtig das königliche Schloss befindet; denn Nausikaa sagt zu Odysseus da, wo sie vom Palast des Königs, ihres Vaters, spricht: „Ῥεῖα δ᾽ ἀρίγνωτ᾽ ἐστί, καὶ ἂν παῖς ἡγήσαιτο νήπιος“ (er ist leicht zu erkennen, und ein unmündiges Kind könnte dich führen) (*Odyssee* VI, 300). Den örtlichen Verhältnissen nach kann der königliche Palast kaum anderswo gelegen haben.

Ueberall, wo man den Boden an der Stelle der alten Stadt aufgräbt, findet man behauene Marmorblöcke und hie und da Gräber mit Urnen; indess sind die

Ausgrabungen bis jetzt mit so schwachen Hülfsmitteln und so wenig Energie unternommen worden, dass sie keine bedeutenden Resultate haben liefern können. Vor Kurzem hat man das Fundament einer Säule mit folgender Inschrift gefunden:

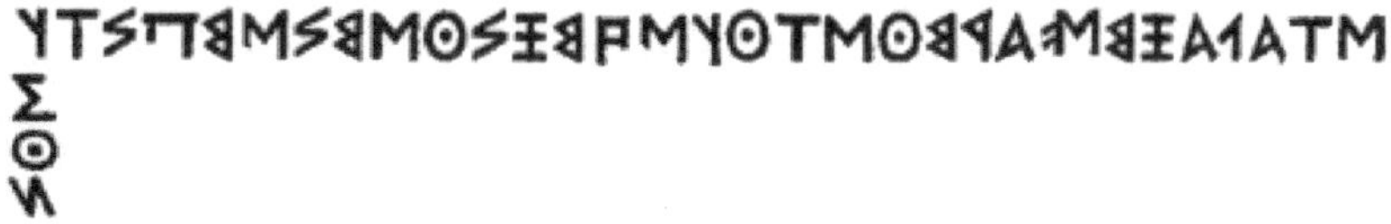

Nach der Mittheilung des Demarchen liest man sie in Korfu auf folgende Weise: Στάλα Ξενάρεος τοῦ Μειξίος εἰμ' ἐπὶ τύμῳ.

Hr. Egger, Mitglied des Institut de France, giebt im Jahresbericht der Sitzungen der Académie des Inscriptions, December 1866 (p. 393), folgende Uebersetzung der Inschrift: „Ich bin der Pfeiler (gestellt) auf das Grab des Xenares (Sohn?) des Mexis.“

Vergleiche den Jahresbericht der Sitzungen vom Juli 1867, p. 158.

Thukydides (III, 70, 75, 81) führt unter den öffentlichen Gebäuden der Stadt die Tempel des Alkinoos, der Dioskuren, des Bacchus, der Juno und des Jupiter auf: die Stadt muss also prachtvoll gewesen sein, und ich glaube, dass gut geleitete Nachgrabungen sich reichlich lohnen würden.

Die Tradition bezeichnet einen grossen Bach, Kressida-Quell, „Κρεσσίδα Βρύσις“ genannt, welcher sich von Westen her in den See Kalichiopulos ergiesst, als den Fluss, an dessen Ufer Nausikaa mit ihren Mägden die Wäsche wusch, und wo sie den Odysseus empfing.

Die Tochter des Königs Alkinoos ist einer der edelsten Charaktere, welche uns Homer gezeichnet hat. Die Einfachheit ihrer Sitten hat immer einen ausserordentlichen Zauber auf mich ausgeübt; und ich war kaum in Korfu ans Land gestiegen, so eilte ich nach Κρεσσίδα Βρύσις um den Ort zu besichtigen, welcher der Schauplatz einer der rührendsten Scenen der Odyssee gewesen ist.

Mein Führer geleitet mich zu einer an einem kleinen Fluss, 1 Kilometer von seiner Mündung erbauten Mühle; von da bin ich gezwungen zu Fusse zu gehen. Aber kaum habe ich hundert Schritte gethan, so stosse ich auf Hindernisse. Rechts und links vom Flusse hat man für die Bedürfnisse der Bewässerung Kanäle gegraben, welche zu breit sind, um hinüber springen zu können. Ausserdem sind die Felder theilweise unter Wasser gesetzt. Aber diese

Schwierigkeiten steigern nur mein Verlangen, vorwärts zu gehen. Ich entkleide mich bis auf's Hemde und lasse meine Kleider unter der Obhut meines Führers. So gehe ich immer den kleinen Fluss entlang, oft bis an die Brust im Wasser und im Schlamm der Kanäle und überschwemmten Felder. Endlich, nach einer halben Stunde beschwerlichen Marsches, sehe ich zwei grosse, plump behauene Steine, welche die Tradition als den Waschplatz der Einwohner der alten Stadt Korcyra bezeichnet, und als den Ort, wo Nausikaa mit ihren Dienerinnen die Wäsche gewaschen und den Odysseus empfangen hat.

Die örtliche Lage entspricht vollkommen der Beschreibung Homer's; denn Odysseus landet an der Mündung des Flusses (*Od.* V, 460–464). Nausikaa kommt mit ihren Mägden zu den Waschgruben am Flusse (*Od.* VI, 85–87).

> Aἱ δ᾽ ὅτε δὴ ποταμοῖο ῥόον περικαλλέ᾽ ἵκοντο,
> νθ᾽ ἤτοι πλυνοὶ ἦσαν ἐπηετανοί, πολὺ δ᾽ ὕδωρ
> Καλὸν ὑπεκπρορέει, μάλα περ ῥυπόωντα καθῆραι.

„Als sie zu dem reizenden Strome kamen, wo Waschgruben immer voll von klarem und reichlichem Wasser waren, das alle Flecken reinigt. ....“

Diese Waschgruben mussten sich nothwendig dicht am Meere befinden; denn nachdem Nausikaa und ihre Dienerinnen die Wäsche gewaschen haben, breiten sie dieselbe auf den Kieselboden längs des Meeresufers, um sie zu trocknen (*Od.* VI, 93–95).

> Αὐτὰρ ἐπεὶ πλῦνάν τε κάθηράν τε ῥύπα πάντα,
> Ἑξείης πέτασαν παρὰ θῖν᾽ ἁλός, ἧχι μάλιστα
> Λάϊγγας ποτὶ χέρσον ἀποπλύνεσκε θάλασσα.

„Aber nachdem sie gewaschen und alle Flecken gereinigt, breiten sie die Kleider längs des Gestades aus, wo das Meer die meisten Kiesel ans Land gespült hat.“

Darauf baden sie, salben sich, speisen und alsdann spielen sie Ball.

„Die Fürstin, welche den Ball nach einer ihrer Dienerinnen wirft, verfehlt ihr Ziel; der Ball fällt in die Strömung des Flusses; die jungen Mädchen erheben ein lautes Geschrei, worüber Odysseus erwacht (*Od.* VI, 115–117).“

Σφαῖραν ἔπειτ' ἔῤῥιψε μετ' ἀμφίπολον βασίλεια ·
Ἀμφιπόλον μὲν ἅμαρτε, βαθείῃ δ' ἔμβαλε δίνῃ ·
Αἱ δ' ἐπὶ μακρὸν ἄϋσαν -- ὁ δ' ἔγρετο δῖος Ὀδυσσεύς.

Hieraus folgt, dass die Stelle, wo Odysseus im Gebüsch neben der Mündung des Flusses sich gelagert hatte, ganz dicht bei den Waschgruben und dem Ufer war, wo die Mädchen Ball spielten.

Ueber die Identität dieses Flusses mit dem Homerischen kann kein Zweifel obwalten, denn er ist der einzige Fluss in der Umgegend der alten Stadt. In der That giebt es auf der ganzen Insel nur noch einen andern Fluss; aber dieser befindet sich 12 Kilometer vom alten Korcyra, während die Κρεσσίδα Βρύσις nur 3 Kilometer davon entfernt ist.

Ohne Zweifel führte im Alterthum ein Fahrweg von der alten Stadt zu den Waschgruben; aber jetzt sind die Felder bebaut, und es ist keine Spur von diesem Wege mehr übrig.

Ich durchwanderte Korfu nach allen Richtungen, und war sehr erstaunt darüber, dass nirgends eine Umzäunung oder ein anderes Grenzzeichen zwischen den Besitzungen vorhanden ist. Das Ganze erscheint als ein einziger ungeheurer Garten von Olivenbäumen, Cypressen und Weinstöcken, und die Abwechselung der Erhebungen und Senkungen des Bodens ist so plötzlich und häufig, dass sie der Landschaft einen unaussprechlichen Reiz verleihen.

Aber die Pflege der Wissenschaften steht leider mit dem Anbau des Bodens bei Weitem nicht auf gleicher Höhe, und ich wage die Behauptung, dass von 50 Menschen kaum einer lesen und schreiben kann. Die Unwissenheit des Volks ist die Ursache der Verderbung ihrer stark mit italienischen, spanischen und türkischen Wörtern gemischten Sprache.

Zweites Kapitel

Kephalonia

Ankunft in Argostoli, der Hauptstadt von Kephalonia. – Sehr merkwürdiges Phänomen von zwei Meeresströmungen, welche sich am Ufer in unterirdische Gänge verlieren und zwei Mühlen treiben. – Geschichte von Kephalonia. –

Seine Produkte. – Samos, ein elendes, auf den Ruinen der alten Hauptstadt erbautes Dorf. – Die Akropolis.

Den 7. Juli am Abend fuhr ich mit dem Dampfboot der hellenischen Gesellschaft nach Argostoli, auf der Insel Kephalonia, wo ich am folgenden Tage 5½ Uhr Morgens ankam.

Am Eingang des Hafens beobachtet man ein sehr merkwürdiges Phänomen, welches ganz gegen die Ordnung der Natur zu sein scheint: denn, während sich sonst die Flüsse vom Lande ins Meer ergiessen, ergiesst sich hier das Meer an zwei Stellen in das niedrige, ausgehöhlte Ufer in starken Strömungen, welche sich in unterirdische Gänge verlieren. Das Wasser fliesst beständig, und mit solcher Regelmässigkeit und Gewalt, dass man über den Flüssen zwei grosse Kornmühlen erbaut hat, welche Tag und Nacht arbeiten, und deren Ertrag bedeutend ist.

Kephalonia, die grösste der ionischen Inseln, liegt am Eingang des Meerbusens von Korinth, der Küste Akarnaniens gegenüber; im Nordosten wird sie von der Insel Ithaka durch einen Kanal getrennt, dessen durchschnittliche Breite 8½ Kilometer beträgt.

Nach Strabo (X, 2) hat sie 300 Stadien im Umfang, während dieser in der That 206 Kilometer beträgt; ihre grösste Länge beläuft sich auf 53 Kilometer.

Same und Samos heisst sie bei Homer (*Od.* IV, 671), welcher wahrscheinlich den Namen der Hauptstadt für die ganze Insel gebraucht, denn er nennt die Einwohner Κεφαλλῆνες und Unterthanen des Odysseus (*Il.* II, 631).

Der Name Κεφαλληνία findet sich zuerst bei Herodot (IX, 28), welcher angiebt, dass 200 Einwohner der kephalonischen Stadt Pale mit den übrigen Griechen in der Schlacht bei Platää gekämpft haben. Wir finden in der Folge die Kephalonier als Verbündete Athens im peloponnesischen Kriege (*Thukydides* II, 30). Im Jahre 189 v. Chr. wurden sie von den Römern unterjocht. Nach Strabo (X, 2) besass Cajus Antonius, der Onkel des Marcus Antonius, dieselbe als Privateigenthum.

Die Insel ist sehr felsig, hat sehr wenig Quellen und wenig culturfähigen Boden; man pflanzt hauptsächlich Olivenbäume und Weinstöcke, welche ganz kleine, Korinthen genannte Trauben tragen. Der Ertrag der Kornernte reicht nur für den vierten Theil des Verbrauchs aus. Es giebt auf Kephalonia 23 Klöster, welche ungefähr den sechsten Theil aller bebauten Ländereien besitzen.

Ich durchreiste die Insel in einer Miethkutsche, und kam Mittags in Samos an, einem elenden, am Meeresufer erbauten Dorfe, auf der Stelle der alten und berühmten gleichnamigen Stadt, deren zahlreiche Ruinen ihre frühere Grösse und Pracht bezeugen. Vierundzwanzig Freier der Penelope kamen aus dieser Stadt (*Od.* XVI, 249).

Auf einem Esel reitend, besichtigte ich die Akropolis, welche auf einem 100 Meter hohen Felsen liegt. Vier ungeheure Mauern aus plump behauenen Steinen von 1 Meter 30 Centimeter bis 2 Meter 30 Centimeter Länge, bei 1 Meter bis 1 Meter 30 Centimeter Breite, ziehen sich in gleichen Zwischenräumen von oben nach unten. Das Plateau ist von zwei Mauern ähnlicher Construction umgeben; der Raum zwischen denselben wird von den Ruinen zahlreicher Läden und Magazine eingenommen, und in mehreren derselben sieht man noch den steinernen Ladentisch. Eine Todtenstille herrscht jetzt unter diesen von Vipern wimmelnden Ruinen.

Die Stadt, welche im Jahre 189 v. Chr. eine viermonatliche Belagerung der Römer aushielt (*Livius* XXXVIII, 28), lag schon zu Strabo's Zeit gänzlich in Trümmern (*Strabo* X, 2). Dennoch veranlassen mich einige Spuren von römischem Mauerwerk, welche ich an mehreren Stellen im Meere, einige Meter vom Ufer entfernt, erblickte, zu der Annahme, dass sie unter August oder Hadrian zum Theil wieder aufgebaut worden sein mag.

Drittes Kapitel

Ithaka

Ankunft im Hafen St.-Spiridon. – Der gelehrte Müller Panagis Asproieraka. – Tradition über Odysseus. – Vathy, die Hauptstadt von Ithaka. – Die vorzüglichsten Werke über Ithaka. – Der Hafen Rheithron. – Topographie und Produkte Ithaka's. – Der Phorkys-Hafen. – Der Berg Neïon – Die Grotte der Nymphen. – Der Berg Aëtos. – Der Palast des Odysseus – Cyklopische Mauern.

Ich miethete für 11 Franken eine Barke, um mich nach Ithaka übersetzen zu lassen; aber unglücklicherweise war der Wind conträr, sodass wir fortwährend gezwungen waren zu laviren, und so brauchten wir 6 Stunden zu einer Fahrt, welche man bei günstigem Winde mit Leichtigkeit in einer Stunde zurücklegt.

Endlich stiegen wir, 11 Uhr Abends, in dem kleinen Hafen St.-Spiridon, auf der Südseite des Berges Aëtos, ans Land und betraten das alte Königreich des Odysseus.

Ich gestehe, dass ich trotz Ermüdung und Hunger eine unendliche Freude empfand, mich im Vaterlande des Helden zu befinden, dessen Abenteuer ich mit der lebhaftesten Begeisterung gelesen und wieder gelesen habe.

Ich war so glücklich, beim Aussteigen den Müller Panagis Asproieraka anzutreffen, welcher mir für 4 Franken einen Esel vermiethete, um mein Reisegepäck zu tragen, während er selbst mir als Führer und Cicerone bis zur Hauptstadt Vathy (Βαθύ) diente. Als er gehört hatte, dass ich nach Ithaka gekommen wäre, um archäologische Forschungen anzustellen, sprach er sich mit lebhaftem Beifall über mein Vorhaben aus und erzählte mir unterwegs alle Abenteuer des Odysseus von Anfang bis Ende. Die Geläufigkeit, mit welcher er sie hersagte, bewies mir deutlich, dass er dieselbe Geschichte schon tausend Mal erzählt hatte. Sein Eifer, mich über die glorreichen Thaten des Königs von Ithaka zu unterrichten, war so gross, dass er keine Unterbrechung duldete. Vergebens fragte ich ihn: Ist dies der Berg Aëtos? ist dies der Phorkys-Hafen? auf welcher Seite befindet sich die Grotte der Nymphen? wo ist das Feld des Laertes? ... alle meine Fragen blieben ohne Antwort. Der Weg war lang, aber des Müllers Geschichte war auch lang, und als wir endlich, halb ein Uhr Nachts, die Schwelle seiner Hausthür in Vathy überschritten, war er grade in der Unterwelt mit den Seelen der Freier unter dem Geleite des Merkur angelangt.

Ich beglückwünschte ihn lebhaft, dass er die Gedichte Homers gelesen und sie so gut im Gedächtniss behalten habe, dass er mit so grosser Leichtigkeit, in neugriechischer Sprache, die Hauptbegebenheiten der 24 Gesänge der Odyssee erzählen könne. Zu meinem grossen Erstaunen antwortete er mir, dass er nicht nur der alten Sprache unkundig sei, sondern auch das Neugriechische weder lesen noch schreiben könne: die Abenteuer des Odysseus wären ihm nur aus der Tradition bekannt. Auf meine Frage, ob diese Tradition unter der Bevölkerung von Ithaka allgemein verbreitet, oder ob sie seiner Familie eigentümlich wäre, erwiderte er, dass in der That seine Familie die Bewahrerin derselben sei, dass Niemand auf der Insel die Geschichte des grossen Königs so gut kenne, wie er, und alle andern nur eine unklare Vorstellung davon hätten.

Der quälende Hunger verhinderte mich, mehr Fragen an ihn zu richten; seit 6 Uhr Morgens hatte ich nichts gegessen, indem die unbeschreibliche

Unsauberkeit der Herberge zu Samos mir nicht erlaubt hatte, dort eine Mahlzeit zu halten. Mein Wirth hatte mir nichts als Gerstenbrod zu bieten und Regenwasser, dessen Temperatur nicht geringer als 30 Grad war; aber diese Mahlzeit erschien mir köstlich, da sie durch Hunger gewürzt wurde.

Der brave Müller hatte nur ein Bett; aber mit der edlen Gastfreundschaft, welche den Nachkommen der Unterthanen des Odysseus eigenthümlich ist, beeiferte er sich, mir dasselbe zur Verfügung zu stellen, und bestand darauf, dass ich es annähme; ich hatte alle Mühe, seinen dringenden Anerbietungen zu widerstehen, und erreichte meinen Willen nur dadurch, dass ich mich getrost auf einen grossen, mit eisernen Bändern beschlagenen Kasten, welcher sich im Zimmer befand, zur Ruhe legte. Gewöhnt an Reisestrapazen, schlief ich auf dem Kasten so sanft wie in dem weichsten Flaumenbette und erwachte erst am folgenden Morgen.

In der Hauptstadt Ithaka's giebt es keinen Gasthof; ich fand aber ohne Mühe ein gutes Zimmer im Hause der jungen und liebenswürdigen Fräulein Helene und Aspasia Triantafyllides, deren Vater, ein Gelehrter, vor einigen Jahren gestorben ist. –

Die Stadt, welche ungefähr 2,500 Einwohner zählt, umgiebt mit einer Reihe weisser Häuser das Südende des langen und engen, Vathy (Βαθύ *ticf*) genannten Hafens, von welchem sie den Namen führt, und der selbst nur ein Theil des Meerbusens von Molo ist. Der Hafen ist einer der besten der Welt, weil er von Gebirgen umgeben und sein Wasser, selbst schon 1 Meter vom Ufer, so tief ist, dass die Schiffe vor den Häusern der Rheder Anker werfen können.

Fast alle Archäologen, welche die Insel bereist haben, erkennen die Identität derselben mit dem Homerischen Ithaka an. So E. Gandar, *de Ulyssis Ithaca,* Paris 1854; Dr. Wordsworth, *Greece,* 1853; Rühle von Lilienstern, *über das homerische Ithaka;* Gr.-F. Bowen, *Ithaca in 1850,* London 1851; Leake, *Travels in Northern Greece,* 1835; Schreiber, *Ithaca,* 1829; Constantin Koliades, *Ulysse-Homère;* Sir W. Gell, *Ithaca, Argolis and Itineraries,* 1813–1819; Strabo, VIII, X; Ptolemäus, III. – Dagegen erklärt Spohn Ithaka für ein reines Phantasiegebilde des Dichters, während Völcker auf geistreiche Weise durch Gründe zu beweisen sucht, dass die Topographie Ithaka's mit den Angaben Homers in Widerspruch stehe, und das Vaterland des Odysseus westlich von Kephalonia liegen müsse.

Da der Hafen von Vathy sich im südlichen Theile der Insel befindet, und zwar am Fusse des Berges Ἅγιος Στέφανος (*St.-Stephan*), in welchem man das Νήϊον ὑλῆεν (das waldbedeckte Neïon) (*Od.* I, 186) wieder erkennt, so ist er ohne Zweifel der Λιμὴν Ρεῖθρον (*der Hafen von Rheithron*), welcher in demselben Verse genannt wird.

Ithaka, gewöhnlich Θεάκη (*Theake*) genannt, leitet seinen Namen ohne Zweifel von dem Heros Ithakus her, den Homer (*Od.* XVII, 207) erwähnt.

Die grösste Länge der Insel von Norden nach Süden beträgt 29 Kilometer; die grösste Breite von Osten nach Westen 7 Kilometer. Die Bevölkerung beläuft sich im Ganzen auf 13,000 Einwohner.

Die Insel besteht aus einer Kette von Kalksteinfelsen. Der Golf von Molo theilt sie in zwei fast gleiche Theile, welche durch einen engen, 800 Meter breiten Isthmus verbunden werden. Auf diesem Isthmus befinden sich umfangreiche Ruinen mit dem Namen Παλαιόκαστρον (Altes Schloss), welche die Tradition als Reste vom Schlosse des Odysseus bezeichnet.

Ueberall sieht man steile Felsen. Der höchste unter ihnen ist im nördlichen Theile der Insel der Berg Anoge, Homers *waldbedeckter* Neritos (*Od.* XIII, 351; IX, 21); aber von ihm wie vom Berge Neïon und dem übrigen Theile der Insel sind die Wälder verschwunden, und in Folge dessen Regen und Thau, einst so reichlich in Ithaka (*Od.* XIII, 245), jetzt viel seltener. Die *ungeheure* (ἀθέσφατος) Getreideernte (*Od.* XIII, 244) beschränkt sich gegenwärtig auf den vierten Theil des für die Einwohner nothwendigen Bedarfs. Schweine (*Od.* XIII, 404–410), Rinder (*Od.* XIII, 246), Ziegen (*Od.* IV, 606; XIII, 246), Schafe (*Od.* XIII, 222) mangeln vollständig und müssen eingeführt werden.

Die Hauptprodukte Ithaka's sind gegenwärtig die kleinen, unter dem Namen Korinthen bekannten Weintrauben, (jährliche Ausfuhr ungefähr 150,000 Kilos) und Olivenöl (ungefähr 2,300 Fässer). Der Wein ist ausgezeichnet, aber dreimal stärker als Bordeaux-Wein und wird nicht exportirt.

Ungeachtet der drückenden Sommerhitze ist das Klima der Insel sehr gesund und verdient das Lob Homer's (*Od.* IX, 27) „ἀγαθὴ κουροτρόφος“ (ausgezeichnet für die Erziehung und Pflege tüchtiger Männer).

Hr. Bowen behauptet mit Recht, dass an keinem Orte auf der Welt die Erinnerung an das klassische Alterthum so lebendig und rein erhalten ist, als auf der Insel Ithaka. Unmittelbar nach dem Zeitalter ihres grossen mythologischen Helden verliert sie sich aus der Erinnerung für einen Zeitraum von fast dreitausend Jahren. Im Gegensatz zu vielen andern einst berühmten Ländern knüpft sich unser Interesse für sie keineswegs an neuere Nachrichten, welche in hervorhebenderer Weise ihrer gedacht hätten. Sie wird bei den nachhomerischen Schriftstellern in der That nur deshalb genannt, um auf ihre wichtige Stellung in den Gedichten des Heldenalters hinzuweisen. Im Jahre 1504 n. Chr. war Ithaka durch die Einfälle der Seeräuber und die Wuth, mit welcher die Kriege zwischen Türken und Christen geführt wurden, fast entvölkert, und es werden noch die Privilegien aufbewahrt, welche die venetianische Regierung den Colonisten aus den benachbarten Inseln und vom griechischen Festlande gab, welche die Insel wieder bevölkert haben. Alle unsere Erinnerungen knüpfen sich hier also an das heroische Zeitalter: jeder Hügel, jeder Felsen, jede Quelle, jedes Olivenwäldchen mahnt uns an Homer und die Odyssee, und mit einem einzigen Sprunge fühlen wir uns über hundert Generationen hinweg in die glänzendste Epoche griechischen Ritterthums und griechischer Dichtkunst versetzt.

Sobald ich in meiner neuen Wohnung eingerichtet war, miethete ich einen Führer und ein Pferd und liess mich nach dem kleinen Hafen *Dexia* bringen, welcher sich ebenfalls am Fusse des Berges Neïon befindet und auch ein Theil des grossen Meerbusens von Molo ist. Das ist der „Φόρκυνος λιμήν" (Phorkys-Hafen), in welchem die Phäaken den fest eingeschlafenen Odysseus ausschifften und mit seinen Schätzen zuerst am Ufer, darauf unter einem Oelbaum, abseits vom Wege niederlegten (*Od.* XIII, 96–124): „In Ithaka ist der Hafen des Phorkys, des Meergreises, in welchem zwei steile Felsen vorspringen, nach dem Eingang des Golfs geneigt, die ihn von aussen gegen die mächtigen Wogen und die brausenden Winde schützen. Drinnen liegen die wohlberuderten Schiffe ohne Taue vor Anker, nachdem sie in den Bereich des Hafens gelangt sind. Aber am Ende des Hafens erhebt sich ein dichtbelaubter Oelbaum, und gleich daneben befindet sich eine liebliche dunkle Grotte, welche den Nymphen, die Najaden heissen, geweiht ist. Dort sieht man Urnen und steinerne Krüge; dort legen die Bienen ihren Honig nieder. Auch erblickt man dort steinerne Webstühle, auf denen die Nymphen meerpurpurne Gewänder weben, wunderbar anzuschauen. Auch findet man dort eine nie versiegende Quelle. Die Grotte hat zwei Eingänge: der eine im Norden ist für den Gebrauch der Menschen; der andre im Süden gehört den Göttern; niemals überschreiten ihn die Menschen, denn das ist der Weg der Unsterblichen.

„Dorthin richteten die mit der Oertlichkeit Vertrauten ihre Fahrt; das Schiff stürzte bis zur Hälfte auf das flache Ufer; so stark war die Gewalt, welche die Ruderer anwandten.

„Nun stiegen sie aus dem wohlberuderten Schiffe ans Land; zuerst nahmen sie den Odysseus nebst der leinenen Decke und dem glänzenden Teppich vom gewölbten Verdecke des Schiffes und legten ihn, den tief Schlummernden, auf dem Sande nieder; darauf schifften sie die Schätze aus, welche die erlauchten Phäaken, auf die Eingebung der hehren Minerva, ihm geschenkt hatten, als er in sein Vaterland zurückkehrte, und häuften sie am Fusse des Oelbaums auf, abseits vom Wege, aus Furcht, dass ein Vorübergehender, ehe Odysseus erwachte, Hand daran legte."

Die Oertlichkeit ist in der angeführten Stelle so genau beschrieben, dass man sich gar nicht irren kann; denn man sieht vor dem kleinen Golf zwei kleine steile Felsen, dem Eingange zugeneigt, und dicht daneben, auf dem Abhange des Berges Neïon, 50 Meter über dem Meeresspiegel, die Grotte der Nymphen. Wirklich befindet sich auch in derselben auf der nordwestlichen Seite eine Art natürlicher Eingang von zwei Meter Höhe und vierzig Centimeter Breite, durch welchen man bequem in die Grotte gelangen kann, und auf der Südseite eine runde Oeffnung von 82 Centimeter im Durchmesser, die den Eingang der Götter bildet; denn an dieser Stelle hat die Höhle eine Tiefe von 17 Meter, so dass der Mensch auf diesem Wege sie nicht wohl betreten kann.

Das Innere ist vollkommen dunkel; aber mein Führer machte mit Gesträuch ein grosses Feuer an, sodass ich die Grotte in ihren Einzelheiten untersuchen konnte. Sie ist fast rund und hat 17 Meter im Durchmesser. Vom Eingang bis auf den Grund steigt man 3 Meter 30 Centimeter hinab, und entdeckt dort Ueberreste von in den Felsen gehauenen Stufen; auf der entgegengesetzten Seite erblickt man einen sehr verstümmelten Altar. Von der Decke hängen Massen von Tropfsteinen in bizarren Formen herunter, und mit nur einiger Einbildungskraft erkennt man darin Urnen, Krüge und die Webstühle, auf welchen die Nymphen purpurfarbene Gewänder webten. In dieser Grotte verbarg Odysseus auf den Rath und mit dem Beistand der Minerva die von den Phäaken erhaltenen Schätze (*Od.* XIII, 361–371).

Wir stiegen wieder zum Golf oder Phorkys-Hafen hinab und setzten unsern Weg bis an den Fuss des Berges Aëtos fort, welcher 150 Meter Höhe hat, und im Süden vom Berge Neïon durch ein sehr fruchtbares Thal getrennt wird, das ungefähr 100 Meter breit ist und den kleinen Isthmus durchschneidet. Im Osten bildet der Berg in einer Höhe von 50 Metern einen sanften Abhang mit guten Quellen und üppiger Cultur. Er wird von dem Golf Aëtos begrenzt. Später werde ich zu beweisen suchen, dass dies der Hafen der alten Hauptstadt von Ithaka ist.

Auf der Nordseite setzt sich der Berg Aëtos in einer ungefähr 50 Meter niedrigeren Felsenkette fort, welche die Namen Paläa-Moschata, Chordakia und Sella führt. Auf der Westseite fällt er schroff in's Meer ab, dessen dunkelblaue Farbe schon 1 Meter vom Felsen eine ungeheure Tiefe anzeigt.

Die Besteigung des Aëtos ist für einen Fremden, besonders während der grossen Sommerhitze, mit vielen Schwierigkeiten und Beschwerden verbunden, weil er, in Winkeln von 45 bis 50 Grad sich erhebend, mit Steinen wie besäet ist, und man in Ermangelung eines Weges sich oft auf allen Vieren weiterhelfen muss.

Aber die Eingebornen, welche an das Erklettern der Felsen gewöhnt sind, besteigen den Aëtos ohne die geringste Beschwerde und bebauen sogar den ganzen Berg bis zum Gipfel überall, wo sich nur Erde zwischen den Steinen zeigt. Das einzige Werkzeug, dessen sie sich zum Anbau des Gebirgslandes bedienen, ist eine spitzige Hacke (Δίκελλα), mit welcher sie die Erde nur wenig umkehren, um Leinsaamen oder Weizenkörner zu säen.

Ich war sehr erstaunt, als ich nur wenig Oelbäume auf den Abhängen des Gebirges erblickte, weil dieser Baum auf den ionischen Inseln sehr fruchtbar ist, wo er einheimisch zu sein scheint und ein solches Grössenverhältniss erreicht, dass er nicht den Fruchtbäumen Frankreichs, wohl aber den dicksten und pittoreskesten Waldbäumen zu vergleichen ist.

Wir bestiegen den Aëtos von Westen, weil der Abhang hier sanfter ist, als auf den andern Seiten; man sieht hier zahlreiche Spuren eines alten Weges, welcher jedenfalls vom Palaste des Odysseus nach dem kleinen Hafen führte, der jetzt St.-Spiridon genannt wird und gleichfalls im Westen der Insel, zwischen Aëtos und Neïon liegt.

Ich gebrauchte eine halbe Stunde, um auf den südlichen Gipfel zu gelangen; hier befinden sich die Ruinen eines Thurmes aus plump behauenen Steinen von 1 Meter bis 1 Meter 66 Centimeter Länge bei 1 Meter bis 1 Meter 35 Centimeter Breite, die ohne Cement übereinander geschichtet sind. Dieser Thurm ist 6 Meter 66 Centimeter lang und breit. In der Mitte ist jedenfalls ein unterirdisches

Behältniss, vielleicht eine Cisterne, weil alle Steine des Gebäudes nach dem Mittelpuncte geneigt sind und daselbst eine Art Wölbung bilden.

Zehn Meter niedriger ist eine dicke Umwallungsmauer von ähnlicher Bauart, während zwei andere, mit Vertheidigungsthürmen versehene cyklopische Mauern sich gegen Südwest und Südost herabziehen, deren grossartige Trümmer sich auf dem Abhange des Berges bis zu einer Entfernung von 60 Metern vom Gipfel ausdehnen.

Von dem obengenannten Thurme aus dehnt sich der Gipfel des Aëtos, dessen Breite von 8 bis 10 Meter wechselt, in einer Länge von 74 Meter aus, mit einer stufenweisen Erhebung von 13 Metern. – Dieser ganze Raum ist mit ungeheuren Steinen bedeckt, die wohl nie eines Menschen Hand berührte, und welche die Annahme zurückweisen, dass sich dort jemals ein Gebäude befunden habe.

Auf diese Steine folgen die Ruinen eines andern Thurmes von cyklopischer Bauart, 8 Meter lang und ebenso breit. Dann kommt eine runde, in den Felsen gehauene, 5 Meter tiefe Cisterne; ihr Durchmesser beträgt oben 4, und auf dem Grunde 6 Meter. Darauf erweitert sich der Gipfel zu einer vollkommen ebenen Fläche und dehnt sich bei einer Breite von 27 Meter und einer Länge von 37 Meter bis zum Nordrande aus.

Auf diesem Raume befand sich der Palast des Odysseus; leider sieht man nur noch die Ruinen von zwei parallelen Einschliessungsmauern, und eine kleine, runde, in den Felsen gehauene, 1 Meter 34 Centimeter tiefe Cisterne für den Hausgebrauch, deren Durchmesser oben 1 Meter 33 Centimeter, unten 1 Meter 67 Centimeter beträgt.

Am Nordrande sieht man die Ruinen von zwei grossen Mauern, von denen die eine sich nach Nordost, die andre nach Nordwest hinabzieht. Sechzehn Meter vom Gipfel, auf der Ostseite, ist eine grosse, runde, in den Felsen gehauene, 10 Meter tiefe Cisterne, deren Durchmesser oben 8, unten 12 Meter beträgt.

Der königliche Palast war gross, mehrere Stock hoch und hatte einen Hof, denn Odysseus sagt zu Eumaios (*Od.* XVII, 264-268):

> Εὔμαι', ἦ μάλα δὴ τάδε δώματα κάλ' Ὀδυσῆος,
> ῾Ρεῖα δ' ἀρίγνωτ' ἐστὶ καὶ ἐν πολλοῖσιν ἰδέσθαι.
> Ἐξ ἑτέρων ἕτερ' ἐστίν· ἐπήσκηται δέ οἱ αὐλ
> Τοίχῳ καὶ θριγκοῖσι, θύραι δ' εὐερκέες εἰσίν
> Δικλίδες · οὐκ ἄν τίς μιν ἀνὴρ ὑπεροπλίσσαιτο.

„Eumaios, ohne Zweifel ist dies das prächtige Haus des Odysseus; es ist leicht zu erkennen selbst zwischen einer Menge von Häusern; es hat mehr als ein Stockwerk; der Hof ist geschützt durch eine Mauer mit Zinnen; die Thüren sind fest und haben zwei Flügel; Niemand würde es erstürmen können."

Der Palast war mit hohen Säulen geschmückt (*Od.* XIX, 38); um die Tafel im grossen Saal sassen die 108 Freier; es waren ausserdem im Saale 8 Diener, ein Herold und ein Sänger (*Od.* XVI, 247–253); der Palast war ὑψηλός, „hoch" (I, 126); er hatte hohe Wölbungen, ὑψερεφής (IV, 757); er war ὑψόροφος, „grandios" (X, 474).

Wir lesen auch, dass Penelope die hohe Treppe im Palaste hinaufstieg, den Schlüssel nahm und sich mit ihren Dienerinnen in ein abgelegenes Gemach begab (*Od.* XXI, 5–9). Es ist also nicht zu bezweifeln, dass der Palast den ganzen geebneten Raum des Gipfels einnahm und der Hof zwischen den parallelen, 30 Meter von einander entfernten Umwallungsmauern lag. Auf diesem Hofe stand der Altar des Zeus (XXII, 334).

Viertes Kapitel

Der Gipfel des Berges Aëtos. – Herrliche Rundschau. – Das Kap Dukato mit dem Sappho-Sprung. – Alter Weg. – Cyklopische Ruinen. – Ausgrabungen auf dem Berge Aëtos. – Entdeckung eines Häuschens und eines kleinen Familien-Kirchhofes mit 20 Vasen, einem Götzenbilde, einem Opfermesser und einem Degen. – Strenge Beobachtung der Fastentage auf Ithaka. – Speisekarte für den Mittagstisch: Pellkartoffeln. – Alte Gräber. – Neue Ausgrabungen.

Der Gipfel des Aëtos ist mit grossen, wagerecht liegenden Steinen besäet; doch sah ich hie und da einige Meter mit Gesträuch und Stauden bedeckt, welche mir anzeigten, dass hier auch Erde vorhanden sei. Sofort entschloss ich mich, überall, wo die Beschaffenheit des Bodens es erlauben würde, Ausgrabungen anzustellen. Da ich aber keine Werkzeuge bei mir hatte, so musste ich meine Nachforschungen bis auf den folgenden Tag verschieben.

Die Hitze war drückend; mein Thermometer zeigte 52 Grad, ich fühlte brennenden Durst und hatte weder Wasser noch Wein bei mir. Aber die Begeisterung, welche ich in mir fühlte, da ich mich mitten unter den Ruinen vom Palaste des Odysseus befand, war so gross, dass ich Hitze und Durst vergass. Bald untersuchte ich die Oertlichkeit, bald las ich in der Odyssee die Beschreibung der rührenden Scenen, deren Schauplatz dieser Ort gewesen ist; bald bewunderte ich die herrliche Rundsicht, welche sich auf allen Seiten vor meinen Augen entrollte, und kaum derjenigen nachstand, an welcher ich mich acht Tage vorher in Sicilien vom Gipfel des Aetna aus erfreut hatte.

Im Norden sah ich die Insel Santa Maura oder Leucadia mit dem Kap Dukato, hoch gefeiert im Alterthum wegen des berühmten Felsens, Sappho-Sprung genannt, von wo aus die unglücklich Liebenden sich in's Meer stürzten, in der Ueberzeugung, dass dieser kühne Sprung sie von ihrer Leidenschaft heilen werde. Unter den vorzüglichsten Opfern dieses Wahnes nennt man die berühmte Dichterin Sappho, den Dichter Nikostratus, Deucalion, Artemisia, die Königin von Karien u. A.

Nach Strabo (X, 2, *p. 332, ed. Tauchnitz*) hatten die Leukadier die Gewohnheit, jährlich am Feste des Apollo einen Verbrecher von diesem Felsen in's Meer zu stürzen, als Sühnopfer für alle Verbrechen des Volkes. Man band ihm Federn und lebende Vögel an, um ihm das Hinabstürzen zu erleichtern und unten hielten sich im Kreise an einander gereihte Fischerbarken bereit, ihn wo möglich zu retten.

Auf der Südseite sah ich die herrlichen Berge des Peloponnes; im Osten die grandiosen Spitzberge Akarnaniens; im Westen zu meinen Füssen die prächtige Meerenge, jenseits deren sich die schönen Berge von Kephalonia schroff und fast senkrecht erheben.

Endlich stieg ich auf der Ostseite hinunter und entdeckte ungefähr 38 Meter vom Gipfel die Spuren eines Weges, welcher im Alterthum jedenfalls zum Palaste des Odysseus geführt hat. Hie und da am Abhange des Berges fand ich auch Ruinen von kleinen Häusern, deren cyklopische Bauart ein hohes Alterthum offenbart.

Als ich am Fusse des Berges angekommen war, trat ein Bauer an mich heran und bot mir eine Vase von Thon und eine schöne silberne korinthische Münze mit einem Minerva-Kopf auf der einen und einem Pferd auf der andern Seite, zum Verkauf an. Er hatte diese Gegenstände eben erst in einem plump in den Felsen gehauenen Grabe, ohne eine Spur von menschlichen Gebeinen, entdeckt. Ich kaufte sie ihm für 6 Franken ab.

Nach Vathy zurückgekehrt, engagirte ich für den folgenden Tag vier Arbeiter, um auf dem Aëtos Ausgrabungen zu veranstalten, ferner einen Burschen und ein

Mädchen, um Wasser und Wein auf den Berg zu tragen; endlich miethete ich ein Pferd für mich, und einen Esel, um die Werkzeuge zu tragen.

Am 10. Juli, nachdem ich im Meere gebadet und eine Tasse schwarzen Kaffee getrunken hatte, machte ich mich um 5 Uhr Morgens mit meinen Arbeitern auf den Weg. Von Schweiss durchnässt, langten wir um 7 Uhr auf dem Gipfel des Aëtos an.

Zuerst liess ich durch die vier Männer das Gesträuch mit der Wurzel ausreissen, dann den nordöstlichen Winkel aufgraben, wo nach meiner Vermuthung sich der herrliche Oelbaum befunden haben musste, aus welchem Odysseus sein Hochzeitsbett verfertigte und um dessen Standort er sein Schlafzimmer baute (*Od.* XXIII, 183–204).

„Im Innern des Hofes wuchs ein dichtbelaubter Oelbaum, hoch, blühend und stark wie eine Säule; rings um ihn herum baute ich aus grossen Steinen das Ehegemach, bis ich es vollendet hatte, deckte es mit einem Dach und verschloss es mit dichten, fest eingefugten Thüren; darauf hieb ich die Zweige des dicht belaubten Oelbaums ab, bearbeitete die Oberfläche des Stammes von der Wurzel aus, glättete ihn geschickt mit dem Erze nach der Richtschnur, machte daraus den Fuss des Bettes und durchbohrte ihn überall mit dem Bohrer; auf diesem Fusse baute ich das ganze Bett auf, belegte es mit Gold, Silber und Elfenbein, und spannte Riemen von Rindsleder, mit glänzendem Purpur gefärbt, darin aus.“

Indess wir fanden nichts als Trümmer von Ziegeln und Töpferwaaren, und in einer Tiefe von 66 Centimeter legten wir den Felsen bloss. In diesem Felsen waren allerdings viele Spalten, in welche die Wurzeln des Oelbaums hätten eindringen können; aber es war jede Hoffnung für mich verschwunden, hier archäologische Gegenstände zu finden.

Ich liess hierauf den Boden nebenan aufgraben, weil ich zwei Quadersteine entdeckt hatte, welche, wie es schien, einer Mauer angehört hatten, und nach dreistündiger Arbeit förderten die Arbeiter die beiden unteren Lagen eines kleinen Gebäudes von 3 Meter Breite bei 4 Meter 75 Centimeter Länge zu Tage: die Oeffnung der Thür hatte eine Breite von 1 Meter. Die Steine waren gut behauen und hatten 33 Centimeter Länge bei gleicher Breite; sie waren reichlich mit schneeweissem Cement verbunden, von welchem ich Stücke nach Hause mitgebracht habe. Selbst unter der untern Steinreihe war eine dichte Lage Cement, dessen Vorhandensein mich nicht bezweifeln lässt, dass dieses Gebäude wenigstens sieben Jahrhunderte nach dem Trojanischen Kriege errichtet worden ist, weil ich in den Bauwerken des heroischen Zeitalters noch niemals Cement bemerkt habe.

Wir fanden in der ausgegrabenen Stelle noch viele Trümmer von leicht gebrannten, krummen Ziegeln, und sogar einen ganzen Ziegel von 66 Centimeter Länge bei ebenso grosser Breite, so wie viele andere Scherben.

Während meine Arbeiter mit dieser Ausgrabung beschäftigt waren, untersuchte ich die ganze Baustelle des Palastes mit der grössten Aufmerksamkeit, und als ich einen dicken Stein gefunden hatte, dessen Ende eine kleine Curvenlinie zu beschreiben schien, – ungefähr den hundertsten Theil eines Kreises, – löste ich mit dem Messer die Erde vom Steine ab und sah, dass dieser einen Halbkreis bildete. Als ich mit dem Messer zu graben fortfuhr, bemerkte ich bald, dass man den Kreis auf der andern Seite durch kleine übereinander geschichtete Steine vervollständigt hatte, die so zu sagen eine Mauer im Kleinen bildeten. Ich wollte anfänglich diesen Kreis mit dem Messer aushöhlen, konnte aber meinen Zweck nicht erreichen, weil die Erde mit einer weissen Substanz, welche ich als die Asche calcinirter Knochen erkannte, gemischt und fast so hart wie der Stein selbst war. Ich machte mich also daran mit der Hacke zu graben; aber kaum war ich 10 Centimeter tief eingedrungen, so zerbrach ich eine schöne, aber ganz kleine, mit menschlicher Asche angefüllte Vase. Ich fuhr mit der grössten Vorsicht zu graben fort und fand ungefähr 20 ganz verschiedene Vasen von bizarrer Form. Einige lagen, andere standen. Leider zerbrach ich die meisten derselben beim Herausnehmen wegen der Härte der Erde und aus Mangel an guten Werkzeugen, und konnte nur fünf in unversehrtem Zustande fortbringen. Die grösste von ihnen ist nicht höher als 11 Centimeter; der Durchmesser ihrer Oeffnung beträgt 1 Centimeter; eine andere hat eine Oeffnung von nur 6 Millimetern. Zwei von diesen Vasen hatten recht hübsche Malereien, als ich sie aus der Erde zog. Sie wurden aber fast unkenntlich, sobald ich sie der Sonne aussetzte; ich hoffe aber durch Reiben mit Alkohol und Wasser sie wieder deutlich zum Vorschein zu bringen.

Alle diese Vasen sind mit der Asche verbrannter menschlicher Gebeine angefüllt.

Ausserdem fand ich in diesem kleinen Familien-Kirchhofe die gekrümmte Klinge eines Opfermessers, 13 Centim. lang, stark mit Rost überzogen, aber sonst ziemlich gut erhalten; ein Götzenbild von Thon, welches eine Göttin mit zwei

Flöten im Munde darstellt; dann die Trümmer eines eisernen Degens, einen Eberzahn, mehrere kleine Thierknochen und endlich eine Handhabe aus ineinander geschlungenen Bronze-Fäden. Fünf Jahre meines Lebens hätte ich für eine Inschrift hingegeben, aber leider! war keine vorhanden.

Obgleich das Alter dieser Gegenstände schwer zu bestimmen ist, so scheint es mir doch gewiss, dass die Vasen weit älter sind als die ältesten Vasen von Cumae im Museum zu Neapel, und es ist wohl möglich, dass ich in meinen 5 kleinen Urnen die Asche des Odysseus und der Penelope oder ihrer Nachkommen bewahre.

Nachdem ich die kreisrunde Oeffnung bis auf den Grund ausgegraben hatte, stellte ich durch Messung fest, dass ihre Tiefe auf der Südseite 76 Centimeter, auf der Nordseite 92½ Centim. und ihr Durchmesser 1 Meter 25 Centim. betrug.

Nichts erregt mehr Durst, als die schwere Arbeit des Ausgrabens, bei einer Hitze von 52 Grad in der Sonne. Wir hatten zwar drei ungeheure Krüge voll Wasser und eine grosse, vier Liter Wein enthaltende Flasche mitgebracht. Der Wein reichte für uns aus, weil der Rebensaft Ithaka's, wie ich schon gesagt habe, dreimal stärker ist als Bordeaux-Wein, aber unser Wasservorrath war bald erschöpft, und zweimal waren wir gezwungen ihn zu erneuern.

Meine vier Arbeiter hatten die Ausgrabung des nachhomerischen Hauses in derselben Zeit beendigt, in welcher ich mit der Aufgrabung des kleinen kreisrunden Kirchhofs fertig war. Ich hatte allerdings mehr Erfolg gehabt als sie; doch ich machte ihnen keinen Vorwurf darüber, da sie tüchtig gearbeitet hatten, und mehr als tausend Jahre können vergehen, ehe der blosgelegte Raum wieder von atmosphärischem Staube ausgefüllt wird.

Der Mittag kam und wir hatten seit 5 Uhr Morgens nichts gegessen; wir machten uns daher an unser Frühstück unter einem Oelbaum zwischen den beiden Einschliessungsmauern, ungefähr 15 Meter unterhalb des Gipfels. Unser Mahl bestand in trocknem Brod, Wein und Wasser, dessen Temperatur nicht unter 30 Grad war. Aber Erzeugnisse des Bodens von Ithaka waren es, welche ich genoss und zwar im Palasthofe des Odysseus, vielleicht an derselben Stelle, wo er Thränen vergoss, als er seinen Lieblingshund Argos wiedersah, der vor Freude starb, als er seinen Herrn nach zwanzigjähriger Abwesenheit wiedererkannte, und wo der göttliche Sauhirt die berühmten Worte sprach (*Od.* XVII, 322–323):

Ἥμισυ γάρ τ' ἀρετῆς ἀποαίνυται εὐρύοπα Ζεύς
Ἀνέρος, εὖτ' ἄν μεν κατὰ δούλιον ἦμαρ ἕλῃσν.

„Denn der allwaltende Jupiter nimmt die Hälfte des Werthes dem Manne, sobald der Tag der Knechtschaft ihn erreicht hat.“

Ich kann wohl sagen, dass ich niemals in meinem Leben mit grösserem Appetit gegessen habe, als bei diesem frugalen Mahle im Schlosse des Odysseus.

Nach dem Frühstück ruheten meine Arbeiter anderthalb Stunden aus, während ich, die Hacke in der Hand, das Terrain auf der Baustelle des Palastes und zwischen den Einschliessungsmauern untersuchte, um womöglich weitere Entdeckungen zu machen. Ueberall wo die Beschaffenheit des Bodens die Möglichkeit zuliess etwas zu finden, machte ich Merkzeichen, um an diesen Stellen mit den Arbeitern Ausgrabungen zu veranstalten. Um zwei Uhr machten sie sich wieder an die Arbeit, und setzten sie bis fünf Uhr fort, aber ohne den geringsten Erfolg. Da ich indess die Ausgrabungen am Morgen des folgenden Tages von neuem beginnen wollte, so liessen wir die Werkzeuge oben auf dem Berge und kehrten nach Vathy zurück, wo wir Abends sieben Uhr ankamen.

Die beiden liebenswürdigen Fräulein Triantafyllides beeiferten sich, mir eine Mittagsmahlzeit zu bereiten; aber wie gross war meine Bestürzung, als sie mir nichts weiter als Pellkartoffeln, Salz und Brod vorsetzten. Ich frug sie, ob sie sich über mich lustig machen wollten. Mit Erstaunen entgegneten sie: Sie sind Christ und wollen am Freitag Fleisch essen? – Aber bei allen Göttern Griechenlands, erwiderte ich, wenn Sie aus Besorgniss für mein Seelenheil mir kein Fleisch geben wollen, warum geben Sie mir nicht wenigstens Fische? – Hat man, antworteten sie, jemals einen Christen gesehen, der an Fasttagen Fische ass? und selbst wenn wir Ihnen Fisch geben wollten, so könnten wir es nicht, weil kein Fischer am Freitag oder Mittwoch seine Netze auswirft, denn Niemand würde ihm seine Fische abkaufen, und kein Schlächter öffnet an diesem Tage seinen Laden, weil man ihn misshandeln würde.

Die ernste Miene, mit welcher sie mir diese Erklärung gaben, bewies mir deutlich, dass sie ihre vollste Ueberzeugung aussprachen, und es als ein Verbrechen gegen die Gebote Gottes betrachteten, wenn man an Fasttagen Fleisch ässe. Ich schwieg und ging aus, um mir Schinken oder Butter zu verschaffen; aber obwohl ich in mehreren Läden anfrug, war doch auf der Insel Ithaka von alledem nichts zu haben. Mit vieler Mühe gelang es mir, etwas Oel zu bekommen, um die Kartoffeln einzutauchen. Diese mehr als bescheidene Nahrung verursachte mir indess durchaus keine Beschwerden, und in der That habe ich mich auf meinen Reisen nie besser befunden, als wenn ich mich mit Brod und Wasser begnügen musste.

Am folgenden Tage, den 11. Juli, stand ich um vier Uhr Morgens auf und bestieg abermals mit den vier Arbeitern den Berg Aëtos, auf dessen südlichem Abhange, ungefähr 20 Meter über dem Meeresspiegel, man mir eine grosse Anzahl alter, in den Felsen gehauener Gräber zeigte, welche in den Jahren 1811 und 1814 der Hauptmann Guitara aufgrub, wobei eine Menge goldene Armbänder, Fingerringe, Ohrringe u. s. w. zum Vorschein kamen.

Aber diese Gräber können nicht sehr alt sein; denn aus Homer wissen wir, dass man die Leichname im heroischen Zeitalter verbrannte, und da man in den Gräbern auf Ithaka und Korfu nicht selten Scarabäen mit ägyptischen Hieroglyphen und phönicische Götterbilder neben griechischen Münzen und Thränenkrügen findet, so darf man wohl mit Sicherheit annehmen, dass der Gebrauch, die Todten zu begraben, erst mehrere Jahrhunderte nach Homer, durch Aegypter und Phönicier auf den ionischen Inseln eingeführt worden ist.

In Rom ist der alte Gebrauch, die Todten zu verbrennen, erst unter dem Kaiser Domitian verschwunden. So befindet sich z. B. im vaticanischen Museum ein Stein mit der Inschrift: *"Hic Cajus Caesar crematus est"* (Hier ist Cajus Caesar verbrannt worden), und ein anderer mit den Worten: *"Hic Germanicus crematus est"* (Hier ist Germanicus verbrannt worden).

Auf dem Gipfel des Berges angekommen, nahmen wir unsre Ausgrabungen wieder auf, und nicht eine Handbreit Erde an der Stelle, wo Odysseus' Palast gestanden hat, ist von uns ununtersucht geblieben. Auch gruben wir zwischen den Einschliessungsmauern und rings um den ganzen Gipfel des Berges, aber unsere Mühe war vergeblich, wir fanden nichts mehr.

Die einzige interessante Entdeckung, welche ich an diesem Tage machte, war die Spur eines alten Weges, der sich vom Palast auf der Nordseite hinabzieht. Leider konnte ich des Dorngesträuchs und der bedeutenden Terrainschwierigkeiten wegen diese Spur nicht verfolgen; als ich aber durch meine Arbeiter erfuhr, dass sie ungefähr vier Kilometer nördlicher im Felsen die Spuren eines alten Weges gesehen hätten, so schloss ich sofort daraus, dass dies derselbe Weg sein müsste.

An diesem Tage hatten wir viel Wasser nöthig, denn eine Hitze von 52 Grad ist selbst für die Eingebornen lästig.

Es unterliegt nicht dem mindesten Zweifel, dass die Ruinen auf dem Berge Aëtos schon im Alterthum als diejenigen vom Palaste des Odysseus angesehen worden sind, und dass Cicero diese Baulichkeiten auf dem Aëtos im Auge hat, wenn er schreibt (*de Oratore* I, 44):

„Ut Ithacam illam, in asperrimis saxis tanquam nidulum affixam, sapientissimus vir immortalitati anteponeret." (Der Weiseste würde sogar der Unsterblichkeit dieses Ithaka vorziehen, welches gleichsam wie ein Vogelnest zwischen die steilsten Felsen hineingebaut ist.)

Ferner bezeichnet die Tradition diese Ruinen als Κάστρον Ὀδυσσέως *(Festung* oder *Schloss des Odysseus).* Selbst der Name Ἀετός (Aëtos = Adler) erinnert an jene verhängnissvolle Scene der Odyssee (II, 146–156), wo erzählt wird, dass Jupiter während der Versammlung der Ithakesier plötzlich zwei Adler vom Gipfel des Berges herabfliegen liess. Als sie über der lärmenden Versammlung ankamen, kreisten sie mit heftigem Flügelschlag, und indem sie auf die versammelten Griechen herabschauten, prophezeiten sie den Freiern den Tod.

Um sieben Uhr Abends kehrten wir nach Vathy zurück. Diesmal hatten meine Wirthinnen für mich eine Schüssel Bratfische bereit, und es gab ausserdem Kartoffeln, frische Träubchen in Ueberfluss und Wein.

Fünftes Kapitel

Wunderbarer alter Weg. – Γράμματα Ὀδυσσέως. – Feld des Laërtes. – Vorlesung aus Homer in Gegenwart der Einwohner von St.-Johann und Leuke: ihr Enthusiasmus und ihre Gastfreundschaft. – Charakter des Ithakesiers, des Musters aller Tugenden. – Sein Patriotismus. – Häufiges Vorkommen der Namen Penelope, Odysseus und Telemach. – Sprichwörtliche Unwissenheit der Geistlichkeit. – Hundertneunundvierzig Festtage im Jahre.

Am folgenden Tage, den 12. Juli, brach ich mit meinem Führer, wie gewöhnlich, um 5 Uhr Morgens auf, zunächst um den alten Weg zu erforschen, dessen Spuren ich den Tag vorher entdeckt hatte, und sodann den Norden der Insel zu besuchen. Die Spuren des alten Weges befinden sich auf der steilen Westseite des Berges Sella, welcher, wie ich schon gesagt habe, nur eine Fortsetzung des Aëtos ist und ungefähr vier Kilometer nördlich von diesem liegt. Da ich zu Pferde nicht dorthin gelangen konnte und erfuhr, dass der alte Weg beim Dorfe Ἁγίου Ἰωάννου *(St.-Johann)* nach Weinbergen am Meeresufer führt, welche die Tradition als Ἄγρος Λαέρτου *(Feld des Laertes)* bezeichnet, so schickte ich meinen Führer mit dem Pferde dorthin, und liess mich von einem andern Manne nach dem alten Wege zum Landgut von Odysseus' Vater bringen.

Mit vieler Mühe erstieg ich den Sella, welcher wohl 100 Meter hoch ist und sich auf der Ostseite unter einem Winkel von 50 Grad erhebt, während sein Abhang auf der Meeresseite noch schroffer ist. Auf dem Gipfel angekommen, hatten wir auf der andern Seite noch etwa 33 Meter zurückzulegen, um zu dem Wege zu gelangen, welcher ohne Zweifel aus dem fernen Alterthume herrührt und selbst in seinen Resten noch wie ein Wunder erscheint. Er ist ganz in den Felsen gehauen, hat 4 Meter Breite und an den Seiten, in Zwischenräumen von ungefähr 20 Meter, kleine, aus grossen, plump behauenen Steinen erbaute Schutzthürme. Ungeheure Steinmassen müssen fortgeschafft worden sein, um diesen Weg in den Felsen zu hauen, der nicht unter 55 Grad abfällt. Winterregen von 31 Jahrhunderten haben ihn verwüstet; aber was von ihm geblieben ist, lässt hinlänglich ahnen, was er in der Zeit des grossen Königs Odysseus gewesen ist.

Von hier aus sieht man deutlich, wie der Weg sich nach Süden quer über die Berge Chordakia und Paläa-Moschata hinzieht und dann in der Richtung nach Odysseus' Palaste den Aëtos hinaufsteigt. Auch im Norden führt er allmählich in der Richtung der Weinberge unterhalb des Dorfes St.-Johann herab.

Das ist der Weg, auf welchem, wie Homer sagt (*Od.* XXIV, 205–207), Odysseus und Telemach sich nach dem Felde des Laërtes begaben.

> Οἱ δ' ἐπεὶ ἐκ πόλιος κατέβαν, τάχα δ' ἀγρὸν ἵκοντο
> Καλὸν Λαέρταο τετυγμένον, ὅν ῥά ποτ' αὐτὸς
> Λαέρτης κτεάτισσεν, ἐπεὶ μάλα πόλλ' ἐμόγησεν.

„Da stiegen sie von der Stadt hinab und kamen bald auf dem wohl bebauten Felde des Laërtes an, welches dieser mit vieler Mühe sich erworben hatte."

Ich stieg in derselben Richtung hinab und fand ungefähr auf der Hälfte des Weges ein griechisches Delta, 33 Centimeter hoch und ebenso breit, in einen 3 Meter 30 Centimeter langen und ebenso breiten Quaderstein gehauen. Dieser Buchstabe, von den Einwohnern γράμματα Ὀδυσσέως genannt, scheint in der That sehr alt zu sein, und es ist wohl möglich, dass er von Odysseus herrührt.

Bald kam ich auf dem Felde des Laërtes an, wo ich mich niedersetzte, um auszuruhen und den 24. Gesang der Odyssee zu lesen. Die Ankunft eines Fremden ist schon in der Hauptstadt von Ithaka ein Ereigniss, wie viel mehr noch auf dem Lande. Kaum hatte ich mich gesetzt, so drängten sich die Dorfbewohner um mich und überhäuften mich mit Fragen. Ich hielt es für das Klügste, ihnen den 24. Gesang der Odyssee vom 205. bis 412. Verse laut vorzulesen und Wort für Wort in ihren Dialekt zu übersetzen. Grenzenlos war ihre Begeisterung, als sie in der wohlklingenden Sprache Homers, in der Sprache ihrer glorreichen Vorfahren vor dreitausend Jahren, die schrecklichen Leiden erzählen hörten, welche der alte König Laërtes grade an der Stelle erduldet hatte, wo wir versammelt waren, und bei der Schilderung seiner hohen Freude, als er an demselben Orte nach zwanzigjähriger Trennung seinen geliebten Sohn Odysseus, den er für todt gehalten hatte, wiederfand. Aller Augen schwammen in Thränen, und als ich meine Vorlesung beendet hatte, kamen Männer, Frauen und Kinder, alle an mich heran und umarmten mich mit den Worten: Μεγάλην χαρὰν μᾶς ἔκαμες · κατὰ πολλὰ σὲ εὐχαριστοῦμεν *(Du hast uns eine grosse Freude gemacht, wir danken dir tausendmal)*. Man trug mich im Triumph ins Dorf, wo alle mit einander wetteiferten, mir ihre Gastfreundschaft in reichstem Maasse zu Theil werden zu lassen, ohne die geringste Entschädigung dafür annehmen zu wollen. Man wollte mich nicht eher abreisen lassen, als bis ich einen zweiten Besuch im Dorfe versprochen hatte.

Endlich, gegen 10 Uhr Morgens, setzte ich meinen Marsch auf dem Abhange des Berges Anoge (*des alten Neritos*) fort, und nach anderthalb Stunden kamen wir in dem reizenden Dorfe Leuke an. Man war schon von meinem Besuche unterrichtet, und die Einwohner, mit dem Priester an der Spitze, kamen mir in einer beträchtlichen Entfernung vom Dorfe entgegen, empfingen mich mit dem Ausdruck der lebhaftesten Freude und gaben sich nicht eher zufrieden, als bis ich Allen die Hand gedrückt hatte. Es war Mittag, als wir im Dorfe ankamen, und da ich noch die Stelle des alten Polisthales und seine Akropolis, das Dorf Stavros und das Kloster der heiligen Jungfrau auf dem Gipfel des Anoge zu besuchen vorhatte, so wollte ich mich in Leuke nicht aufhalten. Aber man bat mich so dringlich, einige Stellen aus der Odyssee vorzulesen, dass ich mich endlich gezwungen sah nachzugeben. Um von Allen verstanden zu werden, nahm ich einen Tisch unter einer Platane mitten im Dorfe als Tribüne und las mit lauter Stimme den 23. Gesang der Odyssee von Vers 1÷247 vor, wo erzählt wird, wie die Königin von Ithaka, die keuscheste und beste der Frauen, ihren angebeteten

Gemahl nach zwanzigjähriger Trennung wieder erkennt. Obgleich ich dieses Kapitel schon unzählig oft gelesen habe, so war ich doch stets beim Lesen desselben lebhaft gerührt, und den nämlichen Eindruck machten diese prächtigen Verse auf meine Zuhörer; alle weinten und ich weinte mit. Nach Beendigung meiner Vorlesung wollte man mich durchaus bis zum folgenden Tage im Dorfe behalten, aber ich lehnte dies entschieden ab.

Man brachte mir eine Menge alter griechischer Münzen, darunter sehr seltene Stücke; alle diese Münzen waren bei Ausgrabungen in der Nähe der Stadt Polis gefunden worden. Man wollte sie mir umsonst geben, und erst nach vielem Bitten nahm man 20 Franken an. Mit grosser Mühe gelang es mir endlich, mich von diesen braven Dorfbewohnern zu trennen, aber nicht ohne vorher mit ihnen angestossen und jeden geküsst zu haben.

Die Einwohner von Ithaka sind freimüthig und bieder, ausserordentlich keusch und fromm, gastfrei und mildthätig, lebhaft und arbeitsam, gefühlvoll und zutraulich, reinlich und sorgfältig; sie besitzen im höchsten Grade Klugheit und Weisheit, diese beiden erhabenen Tugenden, das Erbe ihres grossen Ahnherrn Odysseus. Der Ehebruch wird bei ihnen für ein ebenso abscheuliches Verbrechen angesehen, wie Vater- und Muttermord, und wer sich dessen schuldig machte, würde ohne Erbarmen umgebracht werden. Sie sind ohne wissenschaftliche Bildung, und ich wage die Behauptung auszusprechen, dass von funfzig kaum einer lesen und schreiben kann; aber was ihnen an Gelehrsamkeit abgeht, ersetzen sie durch eine so natürliche Lebhaftigkeit des Geistes, dass ich einen hohen Reiz in ihrer Unterhaltung finde. Kaum bin ich eine Viertelstunde mit einem Ithakesier zusammen, so kenne ich schon seinen ganzen Lebenslauf und alle seine Geheimnisse; er theilt mir alles mit, nur weil er das Bedürfniss empfindet, sein Herz auszuschütten, und ohne den leisesten Schatten eines Hintergedankens.

In Griechenland gebraucht man, wie anderwärts, bei der Anrede das Wort Σεῖς (*Sie*); aber die Natürlichkeit der Ithakesier ist so gross, dass sie mit diesem Worte niemals eine einzelne Person anreden, und nicht nur die Herren, sondern sogar die Damen der vornehmsten Familien in der Hauptstadt duzen mich.

Die grenzenlose Vaterlandsliebe, von der wir an Odysseus ein Beispiel haben, welcher die Rückkehr in sein angebetetes Vaterland der von der Kalypso ihm angebotenen Unsterblichkeit vorzieht (*Od.* V, 203–224), diese Vaterlandsliebe ist noch heutigen Tages ebenso lebendig bei den Bewohnern der Insel, und so oft ich auf meinen Reisen im Orient einen Ithakesier antraf und ihn frug: Ἀπὸ ποῖον μέρος τῆς Ἑλλάδος εἶσθε *(Aus welcher Gegend Griechenlands sind Sie?)*, so antwortete er, stolz auf seine Nationalität, mit erhobenem Haupte: „Εἶμαι Ἰθακήσιος μὰ τὸν Θεόν!" *(Ich bin ein Ithakesier, bei Gott!)*.

Ein anderer Beweis ihres Patriotismus und ihrer Verehrung für das Andenken ihrer glorreichen Vorfahren liegt darin, dass fast in jeder Familie eine Tochter Namens Penelope und zwei Söhne sind, welche Odysseus und Telemachos heissen.

In Folge ihrer unermüdlichen Thätigkeit sind diese braven Leute frei von Noth, und niemals sah ich auf Ithaka einen Bettler.

Wie im übrigen Griechenland, wird auch hier die Geistlichkeit nicht besoldet und muss von den schwachen Einkünften der Taufen, Begräbnisse, Heirathen u. s. w. ihr Leben fristen. In Folge dessen ist das Leben des griechischen Priesters ein fortwährender Kampf mit dem Mangel, und da die Laufbahn des Geistlichen keine Versorgung bietet, so wollen die jungen Leute nicht gern Theologie studiren. Deshalb wird man in diesem Lande mehr aus Trägheit, als aus Ueberzeugung Priester, was das Sprichwort so prächtig ausdrückt:

Ἀμαθὴς καὶ κακοήθης,
Ἀκαμάτης καὶ φαγᾶς,
Οὐδὲν πλέον δὲν τὸν μένει
Παρὰ νὰ γενῇ παπᾶς.

(Er ist unwissend und unmoralisch, ein Faulpelz und Vielfrass; es bleibt ihm nichts übrig als Priester zu werden.)

Natürlich kann die Civilisation in einem Lande keine Fortschritte machen, wo viele Stellvertreter Gottes nur wegen ihrer Unwissenheit und Unfähigkeit zu jeder anderen Beschäftigung sich seinem Dienste gewidmet haben, umsomehr als sie bei aller ihrer Unwissenheit einen grossen Einfluss auf das Volk ausüben. Mein erlauchter Freund, der Erzbischof Theokletos Vimpos in Athen, wird nicht müde, gegen diesen Zustand der Dinge in Predigten und Schriften zu eifern; aber bis jetzt ist noch von keiner Reform etwas zu hören.

Ein grosses Unglück, welches Ithaka mit ganz Griechenland gemein hat, ist der Umstand, dass ausser den 52 Sonntagen jährlich 97 Festtage, also im Ganzen 149 Tage gefeiert werden. Dieser ungeheure Missbrauch ist natürlich ein grosses

Hinderniss für die Entwickelung der landwirthschaftlichen und gewerblichen Industrie.

Sechstes Kapitel

Das mit Ruinen bedeckte Polis-Thal. – Alte Höhle. – Sarkophag mit Inschrift, Lanze, ägyptischen Skarabäen, Flöte, Götzenbildern u. s. w. – Akropolis. – Die Insel Daskalion. – Die beiden Quellen mit schwarzem Wasser. – Die Schule Homers. – Dorf Stavros. – Anoge, der Homerische Neritos. – Arethusa-Quelle – Fels Korax. – Ruinen des Gehöftes des göttlichen Sauhirten Eumaios. – Verschwinden der Eichen. – Krankheit des Oelbaums.

Wir setzten unsern Weg auf dem Abhange des Gebirges fort und sahen endlich, 50 Meter unter uns, das fruchtbare Polis-Thal an einem prachtvollen Golf an der Westküste der Insel.

Um einen weiten Umweg zu vermeiden, stiegen wir mit vieler Mühe den jähen Abhang hinab und kamen um 3½ Uhr Nachmittags unten im Thale an. Als ich mich während des Hinabsteigens an die Steine und das Gesträuch anklammerte, um nicht zu fallen, musste ich lachen, indem ich daran dachte, dass fast alle Archäologen, welche Ithaka besucht haben, die Homerische Hauptstadt in das Polis-Thal verlegen, während sie sich nach Homers Angaben auf einer Anhöhe befand, denn Odysseus und Telemachos *stiegen von der Stadt hinab, als sie zum Garten des Laërtes gingen* (*Od.* XXIV, 205–206); wären sie aber von Polis dorthin gegangen, so hätten sie nothwendiger Weise hinaufsteigen müssen.

Die zahlreichen Ruinen, mit welchen das Polis-Thal wie besäet ist, und selbst der Name Polis (*Stadt*) lassen keinen Zweifel, dass hier im Alterthume eine Stadt von einiger Bedeutung gestanden hat. Indess werde ich später auf die Homerische Hauptstadt zurückkommen und den Beweis zu liefern suchen, dass sie im Polis-Thale nicht wohl hat liegen können.

Jetzt ist das Thal mit Weinbergen bepflanzt, und nur ein einziges Häuschen vorhanden. Ich frug den Besitzer, ob er nicht Antiquitäten zu verkaufen hätte. Er verneinte meine Frage, wies mich aber an einen gewissen Dmitrios Loïsos, aus dem Dorfe Kaluvia, der soeben beim Graben einer Kalkgrube am Meeresufer, grade im Hafen von Polis, ein Grab mit vielen merkwürdigen Dingen entdeckt hätte. Er führte mich nach dem Orte hin und der genannte Loïsos beeilte sich, mir die im Grabe gefundenen Gegenstände, sowie den Stein zu zeigen, mit dem es verschlossen gewesen war.

Bei näherer Betrachtung der Oertlichkeit erkannte ich ohne Mühe, dass sich an dieser Stelle eine ungeheure Höhle, mit der Oeffnung gegen das Meer, befunden hatte, deren Decke wahrscheinlich in Folge eines Erdbebens eingestürzt war. Ohne Zweifel hatte die Decke beim Fallen den Grabstein zertrümmert, von dem nur ein 70 Centimeter langes und 50 Centimeter breites Stück mit folgender Inschrift übriggeblieben war:

Wie man sieht, fehlen viele Buchstaben an dieser Inschrift.

Der übrige Theil des Sarkophags, welcher 3 Meter lang war, bestand ebenfalls aus Stein, war aber ohne Inschrift und sehr verstümmelt.

Der Arbeiter zeigte mir die menschlichen Gebeine, welche er darin gefunden hatte und die, besonders der Kopf, gut erhalten waren. Ausserdem hatte er noch folgende Gegenstände mit ausgegraben: Eine bronzene Lanze, zwei ägyptische Scarabäen, auf deren einem die Hieroglyphen sehr deutlich zu lesen sind; einen steinernen Ring; acht kupferne Münzen, von denen die eine auf der einen Seite einen Adler, auf der anderen einen mit einem Lorbeerkranze geschmückten Bacchuskopf, nebst der Inschrift ΑΙΓΙΕΩΝ, hat, während die sieben anderen von Rost zerfressen waren; ferner ein thönernes Bild der Minerva; ein Stück von einer steinernen Flöte mit der Inschrift: HϟAPTTM; ein Stück polirten Stein, welcher grosse Aehnlichkeit mit einem Widderhorne hat; kleine Würfel von grünem Stein und endlich die Trümmer eines bronzenen Degens.

Der biedere Arbeiter schien eine grössere Vorliebe für Geld, als für den Homer zu haben; er verlangte anfänglich nicht weniger als 200 Franken für seinen Fund; endlich nach vielem Handeln begnügte er sich mit 25 Franken.

Der Umstand, dass sich eine Lanze und ein Degen, namentlich von solcher Grösse, im Sarkophage fand, weist wohl unzweifelhaft darauf hin, dass der Verstorbene ein vornehmer Krieger gewesen sein mag.

Dmitrios Loïsos war eben beschäftigt, den Boden neben jenem Grabe zu durchsuchen. Es dauerte nicht lange, so fand er zwei dicke eiserne Nägel, welche dermassen von Rost angefressen waren, dass sie beim Berühren mit der Hand in kleine Stücke zerfielen. „Aus dem Vorhandensein dieser Nägel glaube ich schliessen zu dürfen, dass sich an dieser Stelle ein hölzerner Sarg befunden hat." Kaum hatte ich diese Worte an den Arbeiter gerichtet, als er ein plumpes phönicisches Götzenbild von gebrannter Erde, eine zierliche kleine Statue der Minerva aus demselben Stoffe, und mehre kupferne, von Rost angefressene Münzen zu Tage förderte. Ich kaufte ihm alle diese Sachen für 1 Fr. 40 Cent. ab.

Unmittelbar über dieser Stelle, auf einem 100 Meter hohen Hügel, sieht man die Ruinen der alten Akropolis von Polis. Ich stieg hinauf, um sie näher zu besichtigen; aber es ist nichts mehr vorhanden als die Einschliessungsmauern aus grob behauenen, 1 bis 2 Meter langen und 1 Meter bis 1 Meter 30 Centimeter breiten Steinen. Man hatte hier soeben im Felsen ein Grab entdeckt, doch fand man darin nur Knochenreste und einen silbernen Ring; eine Inschrift war nicht vorhanden. Die Burg ist im Vergleich mit dem Palaste des Odysseus auf dem Aëtos sehr unbedeutend. Von hier aus sieht man ganz deutlich die kleine Insel Daskalion, welche 10 Kilometer im Nordwesten von Polis und 3 Kilometer von Kephalonia liegt.

Der Name Daskalion ist ohne Zweifel nur eine Abkürzung von Διδασκαλεῖον (*Schule*); im 17. Jahrhundert hatte nämlich ein Mönch dort eine Schule errichtet. Gegenwärtig ist die Insel unbewohnt; doch ist ein Haus und eine kleine Kirche vorhanden, in welcher ein Priester aus Kephalonia zweimal im Monat Messe liest. Da dies die einzige Insel in der Meerenge ist, welche Ithaka von Kephalonia trennt, so hält man sie für die Insel Asteris bei Homer (*Od.* IV, 842–847), aber mit Unrecht. Ich werde hierauf später zurückkommen und die Unmöglichkeit dieser Behauptung mit zahlreichen Beweisen erhärten.

Hierauf besuchten wir die beiden Quellen, welche gewöhnlich „αἱ δύο πηγαὶ μελανύδατος" (*die beiden Schwarzwasserquellen*) genannt werden, deren obgleich vollkommen klares Wasser die sonderbare Eigenthümlichkeit hat, schwarz zu färben.

In der Nähe dieser beiden Quellen, mitten in einem sehr fruchtbaren Thale, befindet sich ein Gebäude ohne Dach von 8 Meter 33 Centimeter Länge bei 5 Meter 32 Centimeter Breite und 3 Meter Höhe, welches die Tradition als die Schule Homers bezeichnet. Die Mauern sind von 1 Meter 67 Centimeter langen und ebenso breiten Quadersteinen erbaut, die ohne Cement und Verband übereinander liegen. Die untere Steinreihe scheint viel älter zu sein als die übrigen. In einer der Mauern ist eine Nische, in der wahrscheinlich eine Statue gestanden hat.

In der Nähe dieses Gebäudes führt eine in den Felsen gehauene, aber durch die Zeit fast zerstörte Treppe, deren Stufen man kaum noch erkennen kann, in einen prachtvollen Weinberg.

Nachdem wir in dem benachbarten Dorfe Stavros, wo man mir gleichfalls den herzlichsten Empfang zu Theil werden liess, etwas ausgeruht hatten, bestiegen wir den Berg Anoge, Homers *Neritos*, welcher sich ungefähr 1000 Meter über den Meeresspiegel erhebt.

Anstatt der Wälder, mit welchen dieser Berg zur Zeit Homers bedeckt war, sieht man jetzt nur noch wenige Oelbäume. Ein ungefähr 2 Meter 66 Centimeter breiter und ziemlich guter Weg führt spiralförmig vom Dorfe Stavros zum Kloster der heiligen Jungfrau auf dem Gipfel des Berges, und von da im Zickzack auf der Südseite ins Thal hinunter. Das Hinaufsteigen ist etwas beschwerlich; aber ist man einmal auf dem Gipfel angekommen, so wird man für seine Mühe durch das wirklich prachtvolle Panorama reichlich belohnt; man sieht von da die ganze Insel Ithaka mit ihren zahlreichen Meerbusen, alle ionischen Inseln (Korfu ausgenommen), Akarnanien und den Peloponnes.

Erst mit einbrechender Nacht kehrten wir nach Vathy zurück.

Am folgenden Tage, den 13. Juli, nahm ich vier Uhr Morgens, wie gewöhnlich, mein Bad auf einer kleinen mitten im Hafen liegenden Insel. Auf dieser Insel hatten die Engländer ein Gefängniss, solange die ionischen Inseln sich noch unter ihrem Schutze befanden. Jetzt sind die Gefängnisszellen leer und werden als Seearsenal benutzt. Rings um dieses Gefängniss geht ein grosses Trottoir. Hier entkleidet man sich und mit einem Sprunge ist man in dem acht bis zehn Klafter tiefen Wasser, dessen Temperatur des Morgens 28, des Abends 30 Grad ist.

Nach dem Bade machte ich mich mit meinem Führer auf den Weg, um den südlichen Theil der Insel zu besuchen.

Anfangs war der Weg gut, bald aber ging er in einen elenden Fusssteig über, so steil und voll glatter Steine, dass ich vom Pferde steigen und zu Fusse gehen musste. Nach zwei Stunden erreichten wir die berühmte Arethusa-Quelle am Fusse eines senkrechten, 34 Meter hohen Felsen, welcher Korax (der Rabe) genannt wird.

Diese Quelle muss in früheren Zeiten einen ausserordentlich reichen und kräftigen Wasserstrahl gegeben haben; denn vor ihr befindet sich das trockne Bett eines 34 Meter tiefen und 70 Meter breiten Stromes, das sich einen Kilometer weit bis zum Meere ausdehnt. Sicherlich hat das mit Ungestüm fliessende Wasser der Arethusa sich selbst dieses Bett in den Felsen gegraben. Jetzt aber fliesst die Quelle so langsam, dass man nicht 200 Liter Wasser täglich schöpfen könnte.

Homer spricht von der Arethusa und dem Rabenfelsen in den schönen Versen (*Od.* XIII, 407–410):

> Δήεις τόνγε σύεσσι παρήμενον · αἱ δὲ νέμονται
> Πὰρ Κόρακος πέτρῃ, ἐπί τε κρήνῃ Ἀρεθούσῃ,
> Ἔσθουσαι βάλανον μενοεικέα, καὶ μέλαν ὕδωρ
> Πίνουσαι, τάθ᾽ ὕεσσι τρέφει τεθαλυῖαν ἀλοιφήν.

„Du findest ihn bei der Heerde, die am Rabenfelsen süsse Eicheln weidet, in der Nähe der Quelle Arethusa, und schwarzes Wasser trinkt, das den Schweinen ein blühendes Fett giebt.“

Die Lage dieser Quelle, welche im Norden durch den senkrechten Rabenfelsen und im Süden durch einen Abhang begrenzt wird, der unter einem Winkel von 55 bis 60 Grad sich nach dem benachbarten Meere hinabzieht, widerstreitet aber der Annahme, dass die Schweineheerden sich der Arethusa selbst hätten nähern oder ihr gegenüber an der Meeresseite hätten gehütet werden können. Unmittelbar jenseit des Rabenfelsen aber, 80 Meter über dem Meeresspiegel, liegt ein ebenes und sehr fruchtbares Plateau, das im Norden durch einen Felsenhügel von einigen Meter Höhe begrenzt wird. Am Fusse dieses Hügels auf der Südseite befinden sich Ruinen, in welchen ich zehn Gebäude entdeckt habe, von denen jedes nur ein Gemach von 3 Meter 33 Centimeter Länge bei gleicher Breite enthält. Diese Gebäude sind nebeneinander aus grobbehauenen Steinen von 1 bis 2 Meter Länge und 66 Centimeter bis 1 Meter Breite und Höhe erbaut. Drei von diesen Gebäuden hat man zum Theil im Felsen selbst angebracht. Zehn

Meter südlich von diesen Ruinen sieht man die Trümmer eines Gebäudes von ungefähr 15 Meter Länge bei gleicher Breite.

In diesem Plateau erkennt man leicht das Feld, wo der göttliche Sauhirt Eumaios Hof, Haus und zwölf Ställe für die Schweine errichtet hatte; denn abgesehen davon, dass es kein anderes ebenes Feld in der ganzen Umgegend giebt, entspricht dieses vollkommen den Worten Homers (*Od.* XIV, 6): „ Περισκέπτῳ ἐνὶ χώρῳ“, welche in wörtlicher Uebersetzung bedeuten: *in einem ringsum sichtbaren Felde,* d. h. auf einer Hochebene. Ausserdem liegt dieses Plateau unmittelbar über dem Rabenfelsen, auf den Homer anspielt, wenn Odysseus seinen Wirth auffordert, ihn von dem hohen Felsen hinabzustürzen, sofern er nicht die Wahrheit sage (*Od.* XIV, 398–400):

Εἰ δέ κε μὴ ἔλθῃσιν ἄναξ τεός, ὡς ἀγορεύω,
Δμῶας ἐπισσεύας, βαλέειν μεγάλης κατὰ πέτρης,
Ὄφρα καὶ ἄλλος πτωχὸς ἀλεύεται ἠπεροπεύειν.

„Wenn der König nicht kommt, wie ich sage, so befiehl deinen Dienern, mich von diesem hohen Felsen hinabzustürzen, damit ein anderer Landstreicher sich hüte zu lügen.“

Ebenso erkennt man in den Ruinen der cyklopischen Bauwerke zehn von den zwölf Schweineställen, welche Homer (*Od.* XIV, 13–16) erwähnt:

Ἔντοσθεν δ᾽ αὐλῆς συφεοὺς δυοκαίδεκα ποίει
Πλησίον ἀλλήλων, εὐνὰς συσίν ἐν δὲ ἑκάστῳ
Πεντήκοντα σύες χαμαιευνάδες ἐρχατόωντο,
Θήλειαι τοκάδες τοὶ δ᾽ ἄρσενες ἐκτὸς ἴαυον.

„Im Innern des Hofes hatte er nebeneinander zwölf Ställe für die Schweine erbaut. In jedem waren funfzig Sauen, auf der Erde ausgestreckt; die Eber schliefen ausserhalb der Ställe.“

Von diesem Plateau zieht sich bis zur Mündung des tiefen Strombettes ins Meer ein Abhang hin, über den jedenfalls Morgens und Abends die Schweineheerden zur Tränke in der Arethusaquelle getrieben wurden, denn es gibt keine andere Quelle in der ganzen Umgegend. Zwar wird dieser Abhang, welcher anfänglich sich nur allmälig senkt, auf den 33 letzten Metern seiner Länge immer steiler und fällt unter einem Winkel von 36 Grad, sodass es fast unmöglich scheint, wie fette Schweine, besonders trächtige Sauen, ihn zweimal des Tages haben hinauf und hinabsteigen können. Jedenfalls war aber im Alterthume an dieser Stelle ein breiter und bequemer Weg, der im Zickzack hinabging. Ich habe mir alle Mühe gegeben, die Spuren dieses Weges aufzufinden; da ich aber keine Werkzeuge zum Graben bei mir hatte, waren meine Nachforschungen vergeblich.

Die Heerden des Eumaios wurden mit Eicheln gemästet (*Od.* XIII, 409). Ithaka muss also damals reich an Eichen gewesen sein; jetzt sind sie gänzlich von der Insel verschwunden.

Der einzige Baum, welcher auf Ithaka angepflanzt wird, ist der Oelbaum; vor zwei Jahren hat sich indess an ihm eine Krankheit gezeigt, und bis jetzt sind alle Bemühungen, derselben abzuhelfen, ohne Erfolg geblieben. Rinde und Blätter des kranken Oelbaums werden schwärzlich und verbreiten einen widrigen Geruch; der Baum blüht noch, aber die wenigen Früchte, welche er trägt, bleiben dürftig und fallen vor der Reife ab. Bis jetzt ist das Uebel auf eine gewisse Anzahl von Bäumen beschränkt geblieben, und man hält es nicht für ansteckend; indess mehrt sich die Zahl der kranken Bäume.

Die Traubenkrankheit ist gleichfalls bei Weitem noch nicht beseitigt. Man wendet das Schwefeln dagegen an; aber das Uebel erscheint sofort wieder, wenn man es vernachlässigt. Wenn man z. B. einen Weinstock schwefelt und nur eine einzige Traube dabei übersieht, so zeigt sich die Krankheit unvermeidlich an dieser.

Siebentes Kapitel

In den Wohnungen auf dem Lande lebt das klassische Alterthum wieder auf. – Wildheit der Hunde, welche man dadurch besänftigt, dass man sich vor ihnen demüthig zeigt. – Muster eines alten Landmannes von Ithaka; sein Patriotismus, sein Nationalstolz, seine Wissbegierde. – Nächtliches Bad. – Alter Weg von der Arethusa nach dem Palaste des Odysseus. – Identität des östlichen Abhanges des Berges Paläa-Moschata mit der Baustelle der Homerischen Hauptstadt.

Dienstag den 14. Juli machte ich mich um 5 Uhr Morgens zu Pferde mit meinem Führer auf, um den südöstlichen und südlichen Theil der Insel, auf der linken Seite der Arethusa, zu erforschen. Aber die Terrainschwierigkeiten waren so gross, dass wir bald das Pferd auf einem Felde stehen lassen und den übrigen Theil der Excursion zu Fuss machen mussten.

In jedem Bauernhause auf der Insel Ithaka sieht man das klassische Alterthum wieder aufleben, und unwillkürlich wird man an die Beschreibung erinnert, welche Homer vom Gehöfte des göttlichen Sauhirten Eumaios giebt (*Od.* XIV, 5–12):

> Τὸν δ᾽ ἄρ᾽ ἐνὶ προδόμῳ εὗρ᾽ ἥμενον, ἔνθα οἱ αὐλή
> Ὑψηλὴ δέδμητο, περισκέπτῳ ἐνὶ χώρῳ,
> Καλή τε μεγάλη τε, περίδρομος · ἥν ῥα συβώτης
> Αὐτὸς δείμαθ᾽ ὕεσσιν, ἀποιχομένοιο ἄνακτος,
> Νόσφιν δεσποίνης καὶ Λαέρταο γέροντος,
> Ῥυτοῖσιν λάεσσι, καὶ ἐθρίγκσεν ἀχέρδῳ,
> Σταυροὺς δ᾽ ἐκτὸς ἔλασσε διαμπερὲς ἔνθα καὶ ἔνθα,
> Πυκνοὺς καὶ θαμέας, τὸ μέλαν δρυὸς ἀμφικεάσσας.

„Er fand ihn auf der Schwelle seines Hauses sitzend, da, wo auf einer Hochfläche er einzelnstehende hohe, grosse und schöne Ställe errichtet hatte; der Sauhirt hatte sie selbst gebaut für die Schweine, in Abwesenheit des Königs, ohne Hülfe der Gebieterin und des Greises Laërtes, aus Steinen, die er selbst herbeischaffte; er hatte sie mit einer Dornenhecke eingeschlossen und von aussen eine fortlaufende Reihe starker und zahlreicher Pfähle eingerammt, die aus dem schwarzen Kernholze der Eiche geschnitten waren.“

Die Wohnungen sind immer auf Hochflächen erbaut; sie befinden sich stets in der Mitte eines Viehhofes und sind von einer Mauer aus nachlässig übereinander geschichteten Kieselsteinen umgeben; der obere Theil dieser Mauer ist stets mit einer Hecke von dürren Dornen und einer Palissade von spitzen Pfählen versehen.

So oft ich mich diesen auf den Feldern einzeln liegenden Wohnungen näherte, um Weintrauben zu kaufen, oder Wasser zu trinken, wurde ich von Hunden angefallen. Bisher war es mir immer gelungen, sie in ehrerbietiger Entfernung zu halten, indem ich Steine nach ihnen warf oder nur that, als wollte ich sie werfen. Als ich aber an diesem Tage in einen Bauerhof im Süden der Insel eintreten wollte, stürzten mit aller Wuth vier Hunde auf mich los und liessen sich weder durch Steine noch durch Drohungen einschüchtern. Ich rief laut um Hülfe;

aber mein Führer war zurückgeblieben, und es schien, als wenn kein Mensch im Hause wäre. In dieser schrecklichen Lage fiel mir zum Glück ein, was Odysseus in einer ähnlichen Gefahr gemacht hatte (*Od.* XIV, 29–31):

Ἐξαπίνης δ' Ὀδυσῆα ἴδον κύνες ὑλακόμωροι·
Οἱ μὲν κεκλήγοντες ἐπέδραμον · αὐτὰρ Ὀδυσσεὺς
Ἕζετο κερδοσύνῃ, σκῆπτρον δὲ οἱ ἔκπεσε χειρός.

„Sobald die bellenden Hunde den Odysseus sahen, kamen sie heulend herbeigelaufen; Odysseus aber setzte sich kluger Weise auf die Erde und liess seinen Stab aus der Hand fallen."

Ich folgte also dem Beispiele des weisen Königs, indem ich mich getrost auf die Erde setzte und mich ganz still verhielt. Sogleich schlossen die vier Hunde, die mich soeben noch hatten verschlingen wollen, einen Kreis um mich und fuhren fort zu bellen, rührten mich aber nicht an. Bei der geringsten Bewegung würden sie mich gebissen haben; aber dadurch, dass ich mich vor ihnen demüthig zeigte, besänftigte ich ihre Wildheit.

Diese Eigenthümlichkeit des Hundecharakters findet man bei Plinius bestätigt (VIII, 61 *ed. F. Didot*): *Impetus canum et saevitia mitigatur ab homine considente humi* (*man hemmt den Ungestüm und die Wuth der Hunde, wenn man sich auf die Erde setzt*). Auch Aristoteles sagt (*Rhet.* II, 3): „Ὅτι δὲ πρὸς τοὺς ταπεινουμένους παύεται ἡ ὀργὴ καὶ οἱ κύνες δηλοῦσιν οὐ δάκνοντες τοὺς καθίζοντας" (*dass der Zorn sich legt gegen diejenigen, welche sich demüthig zeigen, wird auch durch die Hunde bewiesen, welche den nicht beissen, der sich auf die Erde setzt*).

Mein Führer, welcher meine verzweifelte Lage sah, brachte durch lautes Rufen den Hausherrn herbei, der nicht weit von seiner Wohnung in einem Weinberge beschäftigt war. Sofort rief er die Hunde und befreite mich aus meiner Lage. Er war ein siebzigjähriger Greis mit sanften Zügen, grossen, intelligenten Augen und einer Adlernase; sein schneeweisses Haupthaar bildete einen sonderbaren Contrast zu seiner von der Sonnenglut geschwärzten Gesichtsfarbe. Nach der Gewohnheit der Bauern ging er barfuss und trug die weisse, baumwollene *Fustanella*, welche um den Leib herum über dem Bauche befestigt wird und in unzähligen Falten bis auf die Knie herabreicht.

Die Fustanella ist eine ursprünglich albanesische Tracht und von den Griechen erst seit der Revolution angenommen. In Albanien hat sie sich seit dem fernsten Alterthume erhalten; man findet sie häufig an alten Statuen, namentlich der des Königs Pyrrhus von Epirus im Museum zu Neapel.

Ich machte dem alten Manne heftige Vorwürfe wegen der Wildheit seiner Hunde, die mich zerrissen oder wenigstens grausam gebissen haben würden, wenn ich mich im Augenblicke der drohenden Gefahr nicht des Mittels erinnert hätte, das der grosse König von Ithaka unter ähnlichen Umständen anwandte.

Er bat mich tausendmal um Entschuldigung und sagte, seine Hunde kennten die Bewohner der Umgegend ganz genau und bellten kaum, wenn dieselben näher kämen; so lange er denken könne, sei niemals ein Fremder an seine mitten in den Feldern, fast am Ende der Insel liegende Wohnung gekommen, und er habe daher eine solche Gefahr gar nicht voraussehen können.

Auf meine Frage, warum er trotz seiner sichtlichen Armuth vier Hunde hielte, die wenigstens ebensoviel wie zwei Menschen verbrauchen müssten, antwortete er fast zornig: sein Vater, sein Grossvater und alle seine Ahnen bis auf Telemach, Odysseus und Penelope hätten ebensoviel Hunde gehalten, und er werde sich lieber Entbehrungen unterwerfen, als sich von einem seiner treuen Wächter trennen.

Ich konnte den Gründen des biedern Greises nichts entgegenhalten, den im Uebermasse seines Patriotismus und Nationalstolzes schon der Gedanke empörte, in seinem Hause weniger Hunde zu halten, als seine glorreichen Vorfahren zur Zeit des Trojanischen Krieges. Nachdem er mich, wie er glaubte, durch seine Erklärungen zufriedengestellt hatte, brachte er einen Korb voll Pfirsiche und Weintrauben, und, ein abermaliger Beweis seines Stolzes und seiner Eigenliebe, weigerte er sich entschieden, irgend eine Belohnung dafür anzunehmen. Gewiss wollte er durch diese Früchte mich für die Angst entschädigen, welche ich unter seinen Hunden ausgestanden hatte. Da ich ihn aber um jeden Preis für seine Gastfreiheit zu entschädigen wünschte, so las ich ihm die 113 ersten Verse des vierzehnten Gesanges der Odyssee in der alten Sprache vor und übersetzte sie in seinen Dialekt. Er hörte mir mit grosser Aufmerksamkeit zu, und als ich nach Beendigung meines Vortrags gehen wollte, bestand er darauf, dass ich ihm auch etwas aus der Iliade erzählen sollte, von der er nur eine unklare Vorstellung habe. Ich glaubte indess meine Schuld hinreichend abgetragen zu haben und liess mich nicht zurückhalten. Die Neugierde des Greises war aber zu sehr wach geworden, als dass er die Gelegenheit hätte vorübergehen lassen sollen, die Ereignisse des Trojanischen Krieges zu erfahren; er begleitete mich daher den ganzen übrigen Theil des Tages zu Fuss und liess mir keinen Augenblick Ruhe, bis er den Hauptinhalt der vierundzwanzig Gesänge der Iliade gehört hatte.

Wir durchwanderten den südlichen und südöstlichen Theil der Insel und fanden auf zwei kleinen Hochflächen an dem steilen Meeresufer die Ruinen mehrerer Gebäude aus Backsteinen, Kiesel und Cement, welche, nach ihrer Bauart zu schliessen, recht wohl bis ans Ende der römischen Republik, oder bis zum Anfang des Kaiserreichs hinaufreichen mögen; aber trotz alles Suchens fand ich keinen einzigen Stein cyklopischer Bauart.

Da ich bei meinen Nachforschungen mich von dem Felde, wo mein Pferd geblieben war, zu weit entfernt hatte, schickte ich meinen Führer hin, um es nach der Stadt zu bringen, während ich zu Fuss mit dem Eigenthümer der wilden Hunde dahin zurückkehrte, der eine Lust zum Lernen zeigte, wie man sie selbst bei der Jugend nur selten findet. Er blieb in Vathy zu Mittag bei mir und verliess mich erst, als ich mich niederlegte und that, als ob ich schliefe. Endlich ging er, gab aber murmelnd zu verstehen, er werde nicht verfehlen, am Tage meiner Abreise wiederzukommen und mir ein letztes Lebewohl zu sagen.

Die Nacht war eine der heissesten, welche ich jemals in Europa erlebt habe, und obgleich ich die Fenster auf beiden Seiten geöffnet hatte, zeigte mein Thermometer doch um Mitternacht auf 35 Grad. Ich konnte vor Hitze nicht schlafen; vielleicht war auch der Wein daran schuld, den ich in Folge des Durstes in fast zu reichlichem Masse getrunken hatte. Ich stand deshalb um 2 Uhr Morgens auf, verliess das Haus im Schlafrock, den ich am Ufer dicht unter meinen Fenstern ablegte, und sprang ins Meer, dessen Temperatur nicht unter 31 oder 32 Grad war. Bei solcher Temperatur ist nichts angenehmer als ein Bad in einem tiefen, ruhigen, 6 Procent Salz enthaltenden Meere, in dem man schwimmen kann, fast ohne sich zu bewegen. Ich schwamm durch den prachtvollen Meerbusen hinüber und zurück und es war 4 Uhr, als ich in mein Zimmer zurückkehrte.

Meine reizenden Wirthinnen hatten schon mein Frühstück bereitet, und um halb 5 Uhr brach ich mit meinem Führer auf, um nochmals das kleine Plateau über der Arethusa mit den Ruinen vom Hofe des Eumaios zu besichtigen, und von da aus auf dem alten Wege den nördlichen Theil der Insel zu besuchen.

Dieser Weg ist nur 66 Centimeter bis 1 Meter breit und geht um den Berg Neïon (jetzt St.-Stephans-Berg genannt) herum, in einer Höhe von ungefähr 66 Meter über dem Meeresspiegel. Er ist fast ganz in den Felsen gehauen, und man erkennt auf den ersten Blick, dass er sehr alt ist. Nach der Aussage der ältesten Einwohner war dieser Weg früher der einzige Communicationsweg zwischen dem Norden und Süden der Insel, während der neue Weg erst vor ungefähr 30 Jahren von den Engländern angelegt worden ist.

Ohne Zweifel war dies der Weg, welchen Homer (*Od.* XIV, 1) „ τρηχεῖαν ἄταρπον“ *(rauher Pfad)* und (*Od.* XVII, 204) „ὁδὸν παιπαλόεσσαν“ *(holprige Strasse)* nennt, auf welchem Odysseus nach seiner Ankunft im Phorkys-Hafen zu dem treuen Hüter seiner Heerden ging, derselbe Weg, auf welchem sich der König und Eumaios zusammen nach dem Palaste auf dem Aëtos begaben. In der That entspricht er vollkommen den Benennungen *rauh* und *holprig,* die ihm der Dichter giebt, denn er ist an manchen Stellen so steil, uneben und schlüpfrig, dass man ihn zu Pferde nicht passiren kann.

Nach einem dreistündigen Marsche kamen wir am Fusse des Aëtos an, wo der alte Weg sich ehemals in zwei spaltete, von denen der eine auf der Ostseite zum Palaste des Odysseus, der andere in den nördlichen Theil der Insel führte. Von diesem letztern ist durch den neuen Weg, welcher in derselben Richtung geht, jede Spur verloren gegangen; von dem ersteren aber habe ich, als ich vom Aëtos hinabstieg, zahlreiche Reste entdeckt.

An der Stelle der alten Gabelung befindet sich eine reichlich fliessende Quelle, deren inneres Mauerwerk ein hohes Alterthum bezeugt. Auf sie passt genau, was Homer (*Od.* XVII, 204–211) sagt:

Ἀλλ᾽ ὅτε δὴ στείχοντες ὁδὸν κάτα παιπαόεσσαν
Ἄστεος ἐγγὺς ἔσαν, καὶ ἐπὶ κρήνην ἀφίκοντο
Τυκτὴν, καλλίροον, ὅθεν ὑδρεύοντο πολῖται,
Τὴν ποίησ᾽ Ἴθακος καὶ Νήριτος ἠδὲ Πολύκτωρ ·
Ἀμφὶ δ᾽ ἄρ᾽ αἰγείρων ὑδατοτρεφέων ἦν ἄλσος,
Πάντοσε κυκλοτερές, κατὰ δὲ ψυχρὸν ῥέεν ὕδωρ
Ὑψόθεν ἐκ πέτρης · βωμὸς δ᾽ ἐφύπερθε τέτυκτο
Νυμφάων, ὅθι πάντες ἐπιῤῥέζεσκον ὁδῖται.

„Als sie aber auf dem rauhen Pfade nicht weit von der Stadt an die schön fliessende, wohleingefasste Quelle kamen, wo die Bürger ihr Wasser schöpften, ein Werk des Ithakos, Neritos und Polyktor – rings um sie herum war ein Hain von wasserliebenden Pappeln; von der Höhe des Felsens floss kaltes Wasser herunter und über der Quelle war ein Altar der Nymphen erbaut, auf welchem alle Wanderer zu opfern pflegten.“

An dieser Quelle also begegneten Odysseus und Eumaios dem Ziegenhirten Melanthos, dem Sohne des Dolios (*Od.* XVII, 212–216).

Hierauf bestiegen wir den Berg Paläa-Moschata, die unmittelbare nördliche Fortsetzung des Aëtos. Für 50 Centimes hatten wir im Thale von einem Bauern zwei Hacken gemiethet und stellten an verschiedenen Orten auf dem Gipfel und am Abhang des Hügels bis zum Meeresufer Nachgrabungen an.

In einer Tiefe von 20–40 Centimeter fanden wir überall Trümmer von Ziegeln und Töpferwaaren, ein deutlicher Beweis, dass hier eine Stadt gestanden haben muss, und zwar, wie ich behaupten zu können glaube, die Homerische Hauptstadt, von der *Od.* XVI, 471; XVII, 205; XXIII, 137 und XXIV, 205 die Rede ist.

Wie ich schon oben gesagt habe, lag eine Stadt im Thale von Polis, und auf sie beziehen sich jedenfalls die Worte des Ptolemäus (III, 14): „Ἰθάκη, ἐν ᾗ πόλις ὁμώνυμος“ (*Ithaka, mit einer gleichnamigen Stadt*) und die des Skylax in dem Abschnitt über Akarnanien: „Νῆσος Ἰθάκη καὶ πόλις καὶ λιμὴν „ (*die Insel Ithaka nebst Stadt und Hafen*); aber unmöglich kann damit die Homerische Hauptstadt gemeint sein, denn das Thal von Polis liegt am Meeresufer und ist von Bergen eingeschlossen. Folglich musste man von Polis aus, von welcher Seite her man auch kam, nothwendiger Weise „ἀναβαίνειν *hinaufsteigen*, und nicht „καταβαίνειν“ *hinuntersteigen*. Aber Odysseus, Telemachos und die beiden Sclaven „κατέβαν“ (*stiegen von der Stadt hinunter*) (*Od.* XXIV, 205 und 206).

Auch aus den Versen (*Od.* XVI, 471–473):

> Ἤδη ὑπὲρ πόλιος, ὅθι θ' Ἑρμαῖος λόφος ἐστίν,
> Ἦα κιών, ὅτε νῆα θοὴν ἰδόμην κατιοῦσαν
> Ἐς λιμέν' ἡμέτερον · πολλοὶ δ' ἔσαν ἄνδρες ἐν αὐτῇ.

„Ich war schon über die Stadt hinaus, dort wo der Hügel des Mercur ist, als ich ein schnelles Schiff mit vielen Männern in unsern Hafen segeln sah“,

ergiebt sich wohl mit Sicherheit, dass die Stadt auf einer Anhöhe lag.

Ausserdem liegt der Weinberg, welchen die Tradition als „ἄγρος Λαέρτου“ (*Feld des Laërtes*) bezeichnet, zwölf Kilometer von Polis, aber nur zwei Kilometer vom Berge Paläa-Moschata, den ich als die Stelle der Homerischen Hauptstadt bezeichne. Da nach XXIV, 205–206 Odysseus und seine Gefährten *schnell* von der Stadt aus das Feld des Laërtes erreichten, so können sie unmöglich von Polis gekommen sein. Endlich setzen die Verse XXIII, 135–148; 370–373 ausser Zweifel, dass der Palast des Odysseus in der Stadt selbst oder in ihrer Nähe gewesen ist, und wenn die Tradition, die Anspielung in der *Odyssee* II, 140–160, das Zeugniss Cicero's (*de Oratore* I, 44) und die grossartigen Ruinen, welche einunddreissig Jahrhunderten getrotzt haben, uns mit aller Sicherheit darauf führen, dass sich der Palast des Königs auf dem Berge Aëtos befand, so kann die Homerische Hauptstadt nur auf dem Gipfel und dem Abhange des Berges Paläa-Moschata gelegen haben.

Die Erforschung dieser Ortslage hatte fast den ganzen Tag in Anspruch genommen und es war bereits 7 Uhr Abends, als ich wieder in Vathy ankam. Obgleich es Mittwoch und somit ein Fasttag war, so bekam ich doch ein reichliches Mittagsmahl von prächtigen Fischen; denn die Fräulein Triantafyllides hatten mit ausserordentlicher Zuvorkommenheit eigens für mich einen Fischer ausgeschickt, mit der Versicherung, ihm abzukaufen, was er fangen würde.

Da ich die vorige Nacht nicht geschlafen und das lange Nachtbad und die Anstrengungen am Tage bei einer furchtbaren Hitze mich ausserordentlich ermüdet hatten, so schlief ich bei Tische ein, noch ehe ich meine Mahlzeit beendigt hatte, und blieb in dieser Stellung bis 5 Uhr Morgens, wo mich die Sonne weckte, die mir grade in die Augen schien. Schnell nahm ich ein Bad, frühstückte und brach auf, um noch einmal den ganzen nördlichen Theil der Insel zu besuchen.

Achtes Kapitel

Der Mercurshügel. – Die Golfe von Aëtos und St.-Spiridon waren die Häfen der Homerischen Hauptstadt. – Schlagender Beweis, dass die Insel Daskalion nicht das Homerische Asteris sein kann. – Herzlicher Empfang in Leuke. – Abreise nach Daskalion. – Vorlesung des Frosch- und Mäuse-Krieges. – Falsche Uebersetzung des Wortes μῦς von französischen Philologen. – Apollodor's Irrthum in Bezug auf Asteris. – Topographie der Insel Daskalion. – Wahrscheinliche Lage des Homerischen Asteris. – Steinbett mit Homer als Kopfkissen.

Als ich an dem Fusse des Berges Paläa-Moschata ankam, konnte ich dem Verlangen nicht widerstehen, ihn noch einmal zu ersteigen, um den „μῦς

Ἑρμαῖος λόφος“ (*Mercurshügel*) aufzusuchen. Ohne Mühe fand ich ihn in einem kleinen 17 Meter hohen Felsen, welcher jetzt Chordakia heisst. Nur von hier aus konnte Eumaios, nachdem er aus der Stadt gekommen war, sehen, dass das Schiff der Freier in den Hafen einlief und mit Männern, Schilden und zweischneidigen Lanzen angefüllt war (*Od.* XVI, 472, 474). Er musste es von hier aus sehen, sowohl wenn das Schiff in den Golf Aëtos einlief, welcher sich auf der Ostküste der Insel am Fusse des Aëtos und des Paläa-Moschata befindet und der Haupthafen der Homerischen Stadt gewesen sein muss, als auch wenn es in den kleinen Golf St.-Spiridon kam, an der Westküste von Ithaka am Fusse des Aëtos der alten Stadt Samos auf Kephalonia grade gegenüber.

Bei meiner Ankunft auf Ithaka bin auch ich im Golf St.-Spiridon gelandet, welcher noch heute als Hafen für die Boote dient. Die Landenge zwischen diesem Hafen und dem von Aëtos ist, wie ich schon angegeben habe, nur 800 Meter breit, und da man vom Golf St.-Spiridon nach Samos, bei günstigem Winde, in einer Stunde fährt, während man vom Golf Aëtos aus um den südlichen Theil der Insel herum einen ganzen Tag braucht, unterliegt es keinem Zweifel, dass die beiden Golfe den Einwohnern der alten Hauptstadt als Meereshäfen gedient haben.

Der Golf St.-Spiridon hat wohl auch den Bewohnern von Odysseus' Palaste jederzeit als Hafen gedient, denn der westliche Abhang des Aëtos ist, wie ich schon oben gesagt habe, weniger steil als die andern, und ein bequemer Weg, dessen Spuren man noch hie und da entdeckt, führte in Schlangenwindungen über diesen Abhang von dem genannten Golf auf den Gipfel des Berges. Auch die Freier setzten voraus, dass Telemach bei seiner Rückkehr von Pylos und Lakedämon in diesem Hafen Kephalonia gegenüber landen würde; sonst würden sie sich nicht auf dieser Seite der Insel in Hinterhalt gelegt haben, um ihn bei seiner Ankunft zu tödten (*Od.* IV, 669–671).

Ἀλλ᾽ ἄγε μοι δότε νῆα θοὴν καὶ εἴκοσ᾽ ἑταίρους,
Ὄφρα μιν αὐτὸν ἰόντα λοχήσομαι ἠδὲ φυλάξω
Ἐν πορθμῷ Ἰθάκης τε Σάμοιό τε παιπαλοέσσης.

„Wohlan! gebt mir ein schnelles Schiff und zwanzig Gefährten, dass ich ihm auflaure, wenn er kommt, und ihn in der Meerenge zwischen Ithaka und dem felsigen Samos erspähe.“

Ferner sagt Homer (*Od.* IV, 842–847):

Μνηστῆρες δ᾽ ἀναβάντες ἐπέπλεον ὑγρὰ κέλευθα,
Τηλεμάχῳ φόνον αἰπὺν ἐνὶ φρεσὶν ὁρμαίνοντες.
Ἔστι δέ τις νῆσος μέσσῃ ἁλὶ πετρήεσσα,
Μεσσηγὺς Ἰθάκης τε Σάμοιό τε παιπαλοέσσης,
Ἀστερίς, οὐ μεγάλη · λιμένες δ᾽ ἔνι ναύλοχοι αὐτῇ,
Ἀμφίδυμοι · τῇ τόνγε μένον λοχόωντες Ἀχαιοί.

„Die Freier schifften sich ein und segelten auf dem nassen Pfade, im Geiste auf den grausamen Mord des Telemachos sinnend. Es liegt eine felsige Insel mitten im Meere, zwischen Ithaka und dem rauhen Samos, Asteris, welche nicht gross ist; sie hat Häfen mit zwei Eingängen, welche zum Hinterhalt der Schiffe sich eignen; dort erwarteten ihn die lauernden Achäer."

Die Lage dieser Insel Asteris anzugeben macht mir Schwierigkeiten. Man hält sie für die Insel Daskalion, weil dies die einzige Insel in der ganzen Meerenge zwischen Ithaka und Kephalonia ist, und schliesst daraus, dass die Homerische Hauptstadt sich nothwendiger Weise im Thale von Polis befunden haben müsse.

Ich glaube indess hinlänglich bewiesen zu haben, dass dies unmöglich ist und dass die Hauptstadt nothwendiger Weise auf dem Abhange des Paläa-Moschata gelegen haben muss. Jetzt bleibt mir noch darzulegen, dass Asteris auf keinen Fall Daskalion sein kann.

Diese Insel liegt in einer Entfernung von 20 Kilometern nordnordwestlich vom Aëtos und ist so klein, dass man sie von diesem Berge aus gar nicht sieht. Also konnten auch die Freier von dort her das Schiff des Telemachos nicht erspähen, welcher, von Süden kommend, nach dem Golf St.-Spiridon segelte. Ebensowenig konnten sie sich dort in Hinterhalt legen, um das Schiff des jungen Fürsten zu überfallen, selbst wenn er nach Polis gesegelt wäre, denn Daskalion ist 10 Kilometer west-nord-westlich von diesem Hafen und nur 3 Kilometer von Kephalonia entfernt. Wenn Telemach von Pylos (heute Navarino) kam, so konnte er die Meerenge zwischen Ithaka und Kephalonia nur bei Süd-, Süd-Süd-Ost-, oder Süd-Süd-Westwind befahren, denn die Schifffahrt lag damals noch in der Kindheit und man verstand nicht zu laviren.

Nun wehten die Winde, mit welchen Telemach in Polis ankommen konnte, den Freiern grade entgegen, da diese ihn nur bei West-, Nord-West- oder Nord-West-Nordwind hätten erreichen können. Ausserdem sagt Homer, dass Asteris „Μεσσηγύς" (*in der Mitte*) der Meerenge zwischen Ithaka und Kephalonia liege, was mit den oben angegebenen Entfernungsverhältnissen von Daskalion in Widerspruch steht. In der Hoffnung, weitere Beweise gegen die Identität von Asteris und Daskalion zu finden, beschloss ich, diese letztere Insel selbst zu besuchen.

Ich eilte daher Leuke zu erreichen, wo ich abermals mit lebhaftem Enthusiasmus empfangen wurde und alle sich beeiferten, mir gastliche Aufnahme anzubieten. Obgleich ich sofort nach Daskalion weiter zu reisen beabsichtigte, so wollte man mich doch nicht eher gehen lassen, bis ich von meinen Reisen erzählt und ein Stück aus der Odyssee vorgelesen und übersetzt hatte.

Endlich 2 Uhr Nachmittags liess man mich weiter reisen. Man gab mir das beste Boot des Dorfes, und als ich nach den Kosten der Ueberfahrt fragte, lehnte man jede Bezahlung ab. Da ich indess in diesem Falle das Boot anzunehmen mich weigerte, sagte man endlich: Πλήρωσε τί θέλεις (*zahle nach Belieben*). Es wehte ein ziemlich starker Westwind und wir wurden gezwungen, fortwährend zu laviren, sodass wir erst um Mitternacht an der kleinen Insel ankamen. Aber die Zeit dauerte uns nicht zu lange, denn ich bemühte mich, meine Begleiter zu unterhalten, und fand darin auch für mich Unterhaltung. Zuerst las ich ihnen Homers Βατραχομυομαχίαμῦς (*Krieg der Frösche und Mäuse*) vor und übersetzte sie in ihren Dialekt. Sie hatten daran die herzlichste Freude. Dann erzählte ich ihnen von meinen Reisen um die Welt.

Es war herrliches Wetter; der Vollmond liess mich aus der Ferne alle Gebirge Ithaka's und Kephalonia's erkennen und nach Bequemlichkeit die kleine Insel Daskalion untersuchen. Diese hat nur 99 Meter Länge und 32 Meter in ihrer grössten Breite; sie besteht aus einem flachen Felsen und ragt nur zwei Meter über das Wasser. Nach Homer (*Od.* IV, 844–845) hatte die Insel Asteris einen doppelten Hafen; Daskalion hat nicht einmal eine Vertiefung von einem Meter, und, wenn man die grosse Tiefe des sie rings umgebenden Meeres bedenkt, so kann man unmöglich annehmen, dass solche Veränderungen in den örtlichen Verhältnissen der Insel haben eintreten können.

Da dies, wie ich schon gesagt habe, die einzige Insel zwischen Ithaka und Kephalonia ist, so hielt man sie schon im Alterthume für das Homerische Asteris und nannte sie in Folge dessen Asteria. Aber von allen Schriftstellern des Alterthums erwähnt sie nur Strabo, welcher sagt (X, 2): „Zwischen Ithaka und Kephalonia liegt die kleine Insel Asteria; sie wird vom Dichter Asteris genannt. Skepsios sagt, sie sei nicht so geblieben, wie der Dichter sie beschrieben hat, wenn er sagt: sie hat einen doppelten Hafen, der für den Hinterhalt geeignet ist. Apollodor erwähnt, dass sie zu seiner Zeit noch ebenso war, und dass auf ihr grade auf der Landenge zwischen beiden Häfen die Stadt Alalkomenas liege.“

Da Strabo nicht sein eigenes Urtheil über Asteris ausspricht, so kann er selbst die Insel nicht besucht haben.

Apollodor hat die Insel Asteris jedenfalls in seinem Commentar über den Homerischen Schiffskatalog erwähnt; dieses Werk ist leider verloren gegangen. In seinem Buche über die Götter, welches wir besitzen, ist von Asteris nicht die Rede. Er lebte in der zweiten Hälfte des zweiten Jahrhunderts v. Chr., folglich hundert Jahre vor Demetrios von Skepsis und Strabo. War also in Wirklichkeit Asteris zu seiner Zeit so gross, dass eine Stadt Alalkomenas sich auf der Landenge zwischen seinen beiden Häfen befand, so hat diese Insel in so kurzer Zeit nicht ohne eine grosse Naturumwälzung, von der Demetrios von Skepsis und Strabo Kunde gehabt haben würden, zu einem unbedeutenden Felsen herabsinken können.

Alle geographischen Angaben Homers sind dermassen genau, dass ich nicht den geringsten Zweifel hege, dass es zu seiner Zeit eine kleine Insel Asteris mit doppeltem Hafen gegeben hat; aber die gewichtigen Gründe, welche ich angeführt habe, zwingen mich, sie in die Mitte der Meerenge, dem Südende Ithaka's gegenüber, zu verlegen. Diese Insel wird in Folge eines Erdbebens oder des Eindringens des Meeres, wie so viele andere kleine Inseln, verschwunden sein.

Meine Schiffer banden die Barke an einen Stein im Osten der Insel, an einer Stelle, wo sie vor dem Winde sowohl durch das Ufer selbst, als durch die hohen Gebirge von Kephalonia geschützt war. Da wir gegen 7 Uhr Abends wieder in Leuke sein wollten, so hatten wir weder Brod noch Wasser mitgenommen, und mussten, von Durst und Hunger gequält, die Nacht auf der wüsten Insel zubringen. Meine Schiffer ruhten im Boote, ich legte meine müden Glieder auf den Felsen, wobei mir Homer als Kopfkissen diente. Ist man so recht ermüdet, dann fühlt man gar nicht, welch hartes Lager der Stein ist. Ich schlief sofort ein und erwachte erst, als die Sonne mir heiss ins Gesicht schien.

Sogleich weckte ich die Schiffer; wir nahmen ein erquickendes Bad, indem wir zweimal um die Insel herumschwammen, und kehrten darauf mit gutem Winde nach Leuke zurück, wo wir 8 Uhr Morgens ankamen.

Man hatte unser Boot kommen sehen und war auf ein Frühstück bedacht gewesen, aber unglücklicher Weise war es Freitag, also Fasttag, und frisches Brod, Pellkartoffeln, Salz, Weintrauben und guter Wein war Alles, was man mir bieten konnte; aber man brachte es mir mit solcher Treuherzigkeit, Grazie und Freundlichkeit, dass dieses Frühstück mir als eins der besten erschien, die ich jemals genossen habe.

Man wollte mich für den übrigen Theil des Tages hier behalten; ich erklärte indess den biedern Leuten, dass ich das Dorf Exoge besuchen und von da nach Vathy zurückkehren müsste, um noch denselben Abend mit dem Dampfschiffe nach der Landenge von Korinth weiter zu reisen. Nach vielem Hin- und Herreden liess man mich fort, und da ich auf dem Rückwege nach Vathy Leuke nochmals passiren musste, so verschoben wir den Abschied bis auf meine Rückkehr.

Neuntes Kapitel

Exoge. – Ueppige Vegetation. – Allgemeiner Wohlstand. – Dorf-Akademie. – Studien der Zöglinge. – Warum der Lehrer wider seinen Willen verhindert ist, das Altgriechische zu lehren. – Unterhaltung in italienischer Sprache mit dem Hufschmied, welcher seine Frau Penelope und seine Söhne Odysseus und Telemach vorstellt. – Herzlicher Abschied. – Abermals Vorlesung aus Homer zu Leuke und rührender Abschied. – Rückkehr nach Vathy. – Letztes Lebewohl.

Unser Weg führte uns rings um das Thal von Polis herum und dann durch einen Theil des Dorfes Stavros. Nach einer Stunde raschen Marsches kamen wir in Exoge an, das im Norden der Insel auf dem Kamme eines sehr steilen Berges, 100 Meter über dem Meeresspiegel, liegt. Dieses Dorf, welches 1200 Einwohner hat, ist das schönste und reichste der Insel; es besitzt eines der fruchtbarsten Thäler, das sich auf 8 Kilometer Länge und 4 Kilometer Breite längs des Meeres ausdehnt, mit schönen Weinbergen und den prächtigsten Pflanzungen von Orangen-, Citronen- und Mandelbäumen, welche ich bis jetzt in Griechenland gesehen habe. Das Thal ist reich an Quellen, während es in Exoge keine giebt; daher muss aller Bedarf an Wasser von Frauen in Krügen, die sie auf dem Kopfe tragen, oder von Eseln in Fässern hinaufgeschafft werden.

Die meisten Einwohner sind Seeleute, die übrigen sind Handwerker, Kaufleute oder Ackerbauer. Das Dorf hat drei Kirchen und ein Kloster am Fusse des Berges.

Von Exoge aus erfreut man sich einer ausserordentlich schönen Aussicht, besonders auf der Nordseite, wo sich das herrliche Thal mit seiner üppigen Vegetation ausbreitet, dann das prachtvolle, dunkelblaue Meer, in welchem man in geringer Entfernung die schöne Insel Santa-Maura oder Leukadia mit dem berühmten Sappho-Sprung erblickt.

Exoge ist nicht reich, zeigt aber im allgemeinen eine gewisse Behäbigkeit. Jeder hat sein Häuschen nebst Garten und Weinberg, deren Ertrag für seine Bedürfnisse ausreicht. Vergeblich würde man sich im Dorfe nach jemand umsehen, der ein Kapital von 10,000 Franken besässe, aber ebensowenig trifft man Bettler. Wie überall auf Ithaka verheirathet man sich auch hier in Exoge sehr jung, und nüchtern und mässig aus Gewohnheit scheint man gar nicht zu wissen, dass Nüchternheit und Mässigkeit Tugenden sind.

Um Mittag während der grössten Hitze, zu welcher man im Orient zu ruhen gewohnt ist, kam ich im Dorfe an. In Ermangelung einer Herberge kehrte ich in einem Krämerladen ein. Ich glaubte unbemerkt geblieben zu sein; aber man musste mich doch gesehen haben. Die Nachricht von der Ankunft eines Fremden verbreitete sich wie ein Lauffeuer im Dorfe und in weniger als zehn Minuten drängten sich eine Menge Menschen in und vor dem Hause, wo ich meinen Aufenthalt genommen hatte. Als man hörte, dass mein Besuch auf Ithaka archäologische Forschungen zum Zweck habe, so empfing man mich mit grosser Sympathie und überhäufte mich mit Anerbietungen uneigennütziger Dienste. Da indess alle vorhandenen Alterthümer sich auf drei Kirchen beschränkten, die nicht älter als hundert Jahre sein mochten, so schenkte ich ihnen keine weitere Aufmerksamkeit.

Dagegen hatte ich Verlangen, die Schule des Dorfes zu besuchen. Eine grosse Menschenmenge, wohl die ganze Einwohnerschaft, geleitete mich dahin. Der Schulmeister, Georgios Lekatsas, empfing mich im Namen der Dorf-Akademie und beeilte sich, seine Schüler, 25 an Zahl, zu versammeln, um mir ihre Gelehrsamkeit zu zeigen. Er liess sie lesen, zeigte mir ihre Schreibebücher, und ich war mit ihren Studien zufrieden. Der Lehrer unterrichtet sie nur im Schreiben und Lesen; das will aber schon viel sagen, wenn man den ausserordentlich niedrigen Bildungsgrad der Bewohner Ithaka's bedenkt. – Er versicherte mir, er würde sich glücklich schätzen, wenn er seinen Schülern altgriechisch lehren könnte, leider aber verstehe er nicht einmal die ersten Anfangsgründe dieser Sprache. Aus seinen Fragen ersah ich, dass er eine oberflächliche Kenntniss der Geographie besass, aber viel zu wenig, um sie seinen Zöglingen lehren zu können.

Ich unterhielt mich noch mit dem Schulmeister, als ich von einem früheren Matrosen italienisch angeredet wurde, welcher, aus Sorrento bei Neapel gebürtig, sich vor 20 Jahren in Exoge niedergelassen, eine Landestochter geheirathet hat und das Hufschmiedehandwerk betrieb.

Er gab mir einen kurzen Bericht seiner weiten Reisen, sowie der Gefahren und Schiffbrüche, aus denen er oft nur wie durch ein Wunder entkommen war, und stellte mir seine Frau, Namens Penelope, und seine beiden Söhne vor, von welchen der ältere Odysseus und der jüngere Telemach hiess.

Ich pries ihn glücklich, dass er, im Gegensatz zu tausend Andern, durch das Unglück weise geworden war; dass er, fern von Gefahren, Stürmen und Klippen, seinen friedlichen Wohnsitz in der herrlichsten und malerischsten Lage der interessantesten und berühmtesten Insel unter dem liebenswürdigsten und tugendhaftesten Volke aufgeschlagen und, um sein Glück voll zu machen, der Himmel ihm eine reizende Frau, ein wahres Muster aller Tugenden, geschenkt hatte, und drückte ihm zugleich meine Freude über die Bewunderung aus, welche er für die Helden dieser glorreichen Insel, seines zweiten Vaterlandes, an den Tag lege – eine Bewunderung, die er durch nichts besser habe beweisen können, als indem er seinen Kindern jene berühmten Namen gab. Bei dieser Gelegenheit sprach ich auf Ithaka zum ersten Male eine andere Sprache als die griechische.

Mit vieler Mühe brachte ich es endlich dahin, um halb drei Uhr Nachmittags abreisen zu können. Die ganze Bevölkerung des Dorfes begleitete mich bis an den Fuss des Berges, wo jeder mir die Hand drückte und ausrief: Εἰς καλὴν ἀντάμωσιν *(auf glückliches Wiedersehen)*.

Ich eilte, nach Vathy zurückzukehren, hatte aber neuen Aufenthalt in Leuke, wo das ganze Dorf mich unter der grossen Platane erwartete und durchaus bis auf den folgenden Tag zurückhalten wollte. Ich erklärte den braven Leuten, dass ich mit grösster Freude bleiben würde, wenn ich könnte; aber es wäre schon halb vier Uhr Nachmittags; ich hätte noch vier Stunden Weges bis Vathy, das Dampfschiff führe zehn Uhr ab und ich müsste meine Sachen noch einpacken. Endlich willigte man ein, bestand aber darauf, dass ich vorher noch eine Stelle aus Homer vorlesen sollte. Ich gab nach und übersetzte in Eile die schönen Verse des 23. Gesanges, wo Penelope ihren Gemahl daran wieder erkennt, dass er eine genaue Beschreibung des Ehebettes giebt, welches er selbst aus dem Stamme eines Oelbaums gezimmert hatte. Hierauf trennten wir uns, aber nicht ohne lebhafte Rührung auf beiden Seiten; jeder nahm von mir Abschied, indem er mir die Hand drückte, mich küsste und leise sagte: Χαῖρε, φίλε, εἰς καλὴν ἀντάμωσιν *(lebe wohl, Freund, auf glückliches Wiedersehen!)*

Dieselbe Scene wiederholte sich in dem kleinen Dorfe St.-Johann, von wo ich jedoch loskam, ohne erst aus Homer vorlesen zu müssen.

Ich beschleunigte meine Reise, so viel es die Kräfte des Pferdes und der Zustand der Landstrasse erlaubten, und kam um 8 Uhr Abends in Vathy an, wo ich schleunigst meine Sachen zusammenpackte.

Aber kaum hatte ich damit begonnen, so traf ich auf neue Hindernisse, denn mein Zimmer wurde von allen den interessanten und liebenswürdigen Personen förmlich belagert, deren Bekanntschaft zu machen ich seit meiner Ankunft das Glück gehabt hatte. Unter ihnen befand sich der Eigenthümer der vier Hunde, welche mich beinahe zerrissen hätten, und natürlich auch der geistreiche und liebenswürdige Müller Asproieraka, der am Abend meiner Ankunft, als er mit mir zu Fuss dem mit meinem Gepäck beladenen Esel folgte, mit wunderbarer Geläufigkeit mir den Hauptinhalt der 24 Gesänge der Odyssee hererzählt hatte.

Ich liess einige Liter Wein kommen, stiess mit allen auf ein glückliches Wiedersehen an und warf dann meine Sachen bunt durcheinander in die Koffer, in der Hoffnung, an Bord des Dampfschiffs Ordnung hineinzubringen. Der geschwätzige Müller trug mein Gepäck auf seinen starken Schultern in ein Boot; ich nahm herzlich von Allen Abschied und begab mich an Bord des Dampfers Ἀθῆναι, der einige Minuten später abfuhr.

Mit lebhafter Rührung verliess ich Ithaka; ich hatte die Insel schon lange aus dem Gesicht verloren, als meine Augen noch immer in der Richtung nach ihr ausschauten. Nie in meinem Leben werde ich die neun glücklichen Tage vergessen, welche ich unter diesem biedern, liebenswürdigen und tugendhaften Volke verlebt habe.

Zehntes Kapitel

Ankunft in Patras, Naupaktos und Aegium. – Colossale Platane. – Ankunft in Galaxidi, Chryso und Neu-Korinth. – Das alte Korinth. – Amphitheater; die sieben berühmten Säulen. – Das in den Stein gehauene Haus. – Ungeheure Menge von Graburnen. – Die berühmte Quelle Pirene. – Akro-Korinth. – Umfängliche Ausgrabungen der Bauern, um die von den Türken verborgenen Schätze aufzufinden. – Herrliche Rundsicht.

Am folgenden Tage kamen wir fünf Uhr Morgens in Patras im Peloponnes, am Eingange des korinthischen Meerbusens, an und gingen auf das Dampfboot Ἑπτάνησος über, welches um sechs Uhr abfuhr. Eine halbe Stunde später legte das Boot bei dem alten Naupaktos, dem heutigen Lepanto, an, welches durch die grosse im Jahre 1571 zwischen Türken und Christen gelieferte Seeschlacht berühmt ist. Dann warfen wir bei dem alten Aegium Anker, dem heutigen Bostitsa, ein Name, der ohne Zweifel von dem türkischen Worte بستان (*Bostan*), welches Garten bedeutet, herkommt.

Hier verweilten wir eine halbe Stunde, die ich dazu benutzte, die berühmte Platane am Ufer zu sehen, deren Stamm einen Umfang von 15 Meter 30 Centimeter hat. Der Baum ist hohl und enthält ein Zimmer, welches während des Befreiungskrieges häufig als Gefängniss gedient hat; seine Zweige breiten sich 50 Meter weit aus. Diese Platane muss ein hohes Alter haben; jedenfalls ist sie älter als die Ankunft der Türken in Europa.

Wir fuhren weiter und hielten zunächst bei Galaxidi, dann bei Chryso an, einer reizenden kleinen Stadt, in malerischer Lage, in der Mitte eines Oelbaumwäldchens, am Fusse des Parnassos, der sich 2670 Meter über den Meeresspiegel erhebt und mit ewigem Schnee bedeckt ist. Anderthalb Stunden von Chryso liegt das Dorf Kastri, in dessen Nähe sich die Ruinen des alten Delphi befinden.

Endlich kamen wir 6 Uhr Abends in Korinth an, von wo ich mein Gepäck, mit Ausnahme eines Reisesacks, nach Athen beförderte.

Das heutige Korinth besteht erst seit 1859, in welchem Jahre ein Erdbeben die damals bestehende Stadt, die auf den Ruinen des alten Korinth erbaut war, von Grund aus zerstörte. Diese Ortslage ist aber der ungesunden Luft und der ansteckenden Fieber wegen, von denen die Einwohner während der heissen Jahreszeit fortwährend zu leiden hatten, verlassen worden, und man hat die neue

Stadt 7 Kilometer nordöstlicher an einer Stelle gegründet, wo die Landenge verhältnissmässig flach ist und ein starker Luftstrom zwischen beiden Meeren die Luft gesund erhält.

Ich verweilte drei Stunden auf der Stätte des alten Korinth, um die wenigen Ruinen, welche davon übrig sind, zu untersuchen. Man zeigte mir zuerst ein Amphitheater von ovaler Form, ganz im Felsen ausgehauen, von 97 Meter Länge und 64 Meter Breite, mit einem unterirdischen Eingange für die Gladiatoren und wilden Thiere. Wahrscheinlich fällt die Erbauung dieses Amphitheaters in die Zeit nach Pausanias, weil dieser es nicht erwähnt. Ferner besichtigte ich die berühmten *sieben dorischen Säulen,* welche, wie man behauptet, zu dem von Pausanias beschriebenen Tempel der Athene Chalinitis gehört haben. Sie tragen das Gepräge eines sehr hohen Alterthums und scheinen sogar weit älter zu sein als die im siebenten Jahrhundert v. Chr. erbauten Tempel von Pästum.

In unmittelbarer Nähe dieser Säulen befindet sich ein einstöckiges Haus. Es ist ganz in den Stein gehauen und zwar so, dass man den Fels ringsum weggebrochen und der Mauer nur eine Stärke von 33 Centimeter gegeben hat. Das Haus steht ganz einzeln, und da es mit dem Felsen, auf dem es sich befindet und in dem es ausgehauen ist, ein Ganzes bildet, so ist es ohne Widerspruch eines der merkwürdigsten Denkmäler des frühesten Alterthums.

Ringsum auf der Stelle der alten Stadt bemerkte ich künstliche Hügel, und da Korinth nach der Beschreibung des Pausanias eine bedeutende Zahl von Tempeln und andern grossartigen und prachtvollen Denkmälern gehabt haben soll, so zweifle ich gar nicht, dass gut geleitete Ausgrabungen wichtige archäologische Entdeckungen zur Folge haben würden. Aber zum Nachtheil der Wissenschaft werden solche Ausgrabungen leider nicht vorgenommen, weil es in Griechenland an Geld fehlt. Es ist kaum glaublich, dass man bis jetzt weder in Korinth noch in der Umgegend einen Rest der Säulenordnung gefunden hat, die nach diesem Orte benannt ist, und selbst der so charakteristische Akanthas ist aus der Flora des Isthmus verschwunden.

Obgleich die korinthischen Bauern bei ihren Feldarbeiten den Boden nur oberflächlich aufgraben, so finden sie doch sehr häufig Gräber mit schönen Urnen von gebrannter Erde. Man trifft hier Antiquitäten in solcher Menge, dass ich sechs prachtvolle Vasen für 3 Franken 25 Centimes habe kaufen können. Darnach kann man die Resultate beurtheilen, welche in grossem Massstabe und mit ausreichenden Mitteln unternommene Ausgrabungen ergeben würden.

Eine schöne Ebene, welche sich im Osten der alten Stadt ausdehnt, ist wahrscheinlich der Schauplatz der *isthmischen Spiele* gewesen; doch würden erst Nachgrabungen erforderlich sein, um Gewissheit darüber zu erlangen.

Auch die berühmte, von Pindar, Euripides, Strabo, Pausanias und Andern erwähnte Quelle Pirene ist noch vorhanden; aber wie es scheint, führten drei Quellen diesen Namen, nämlich die grosse Quelle auf dem Felsen von Akro-Korinth, die Bäche, welche am Fusse dieses Berges entspringen, und die grosse Quelle auf der Stelle der alten Stadt.

Ich bestieg hierauf die berühmte Festung *Akro-Korinth*, welche auf einem fast senkrechten Felsen von 629 Meter Höhe liegt, der sich schroff in seiner ganzen, einsamen Grösse erhebt, sodass weder die furchtbare Festung von Aden, noch die von Gibraltar mit dieser riesenhaften Citadelle verglichen werden können, von der Statius (*Thebais* VII, 106) schreibt:

> ... Summas caput Acro-Corinthus in auras
> Tollit, et alterna geminum mare protegit umbra.

„Akro-Korinth erhebt sein Haupt in die höchsten Lüfte und sein Schatten bedeckt abwechselnd beide Meere."

Livius (XLV, 28) nennt sie: „Arx in immanem altitudinem edita" (*die sich zu einer ungeheuren Höhe erhebende Burg*).

Bei hinreichender Besatzung würde diese Festung unüberwindlich sein, weil sie nur von einem einzigen Puncte aus beschossen werden kann; es ist dies ein spitzer Felsen, einige hundert Meter südwestlich, von wo aus sie von Mahomet II. bombardirt worden ist.

Ein ziemlich guter, aber sehr steiler Weg führt im Zickzack hinauf. Der Gipfel des Berges, welcher nicht weniger als sechs Kilometer im Umfange hat, wird von einer sieben bis zehn Meter hohen Mauer von venetianischer Bauart umgeben, welche mit einer grossen Anzahl Vertheidigungsthürme versehen ist. Er ist so uneben, dass er mehrere Abhänge und Plateaus bildet, die sich 30 bis 100 Meter übereinander befinden.

Der niedrigste Theil der Festung ist mit den Ruinen türkischer Häuser und Moscheen bedeckt. Auf einem der oberen Plateaus befindet sich eine grosse Kaserne. Hier sieht man eine Menge in den Felsen ausgehauene Cisternen, deren Bau in ein sehr hohes Alterthum hinaufreichen mag; aber trotz aller meiner

Nachforschungen habe ich keine einzige Mauer, selbst nicht einen Theil einer Mauer aus vorchristlicher Zeit entdecken können. Nur auf dem höchsten Gipfel von Akro-Korinth, wo nach Strabo (VIII, 6) sich „Ναΐδιον Ἀφροδίτης“ (*ein kleiner Tempel der Venus*) befand, sah ich in den Mauern eines Forts einige grosse, grob behauene Steine, welche sicherlich von einem cyklopischen Bauwerke des heroischen Zeitalters herrühren.

Die türkische Garnison soll vor ihrer Capitulation 15 mit Gold- und Silbermünzen angefüllte Kisten vergraben haben. Seit einem Jahre haben nun die Bauern aus der Umgegend an vier Stellen Ausgrabungen unternommen, um diese Schätze aufzufinden; aber bis jetzt sind ihre Bemühungen vergeblich gewesen. Ich bin in die vier von ihnen gemachten Gruben hinabgestiegen, von denen zwei eine Tiefe von ungefähr 17 Meter haben, um die Beschaffenheit des Bodens zu untersuchen, und fand bis auf den Grund der Aushöhlungen die Erde mit Trümmern von Ziegeln und Töpferwaaren vermengt, nirgends aber die Spur alter Mauern.

Ich verweilte länger als drei Stunden auf dem höchsten Gipfel, um die herrliche Rundsicht zu bewundern, die sich vor meinen Augen entrollte und von der keine Einbildungskraft sich eine richtige Vorstellung machen kann. Der Blick umfasst die interessantesten Theile Griechenlands und die Orte, welche Zeugen seiner glorreichen Thaten gewesen sind. Die hervorstechendsten Puncte der Landschaft sind nach Murray: „das Sicyonische Vorgebirge, bei welchem der korinthische Meerbusen sich nach Nord-West-Nord wendet; der Fuss des Vorgebirges von Cyrrha, nord-nord-westlich; das Vorgebirge Anticyrrha (jetzt Aspraspitia) mit seinem Golf, und jenseits desselben der höchste Punct des Parnassus im Norden; nord-nord-östlich der Berg Helikon, der auf seinem Rücken eine dem Buckel eines Kameels ähnliche Erhöhung trägt; der höchste Punct des Berges Geraneia, zwischen Megara und Korinth, nord-ost-nördlich. Die Landenge selbst dehnt sich ost-nord-östlich, nach dem höchsten Punkte des Berges Kithäron hin aus. Jenseits des letzteren sieht man die Berge Parnes und Hymettos, und zwischen ihnen zeigt sich das Parthenon auf der Akropolis von Athen. Ferner die Insel Salamis im Osten, und Aegina südöstlich. Strabo hat die merkwürdigsten Puncte dieser Fernsicht genau angegeben, die sich über die acht reichsten Staaten des alten Griechenlands erstreckt: Achaja, Lokris, Phocis, Böotien, Attica, Argolis, Korinth und Sicyon.“

Mit besonderem Interesse betrachtete ich die Landenge, welche 14 Kilometer lang und bei Korinth ebenso breit ist. Am Nordende, wo der Golf Leutraki, im

Westen, durch eine gute Strasse mit dem Hafen von Kalamaki im Osten verbunden wird, beträgt ihre Breite nur 6½ Kilometer. Etwas südlicher war der Diolkos, ein ebener Weg, auf dem man kleine Fahrzeuge auf Walzen quer über die Landenge von einem Meere zum andern zog.

Da ich den Pausanias bei mir hatte, so las ich auf dem Gipfel von Akro-Korinth seine Beschreibung des alten Korinth, und konnte kaum glauben, dass in der Ebene, 627 Meter unter meinen Füssen, welche nur den Anblick der Verwüstung und Verödung darbot, einst eine grosse, mächtige und berühmte Stadt gelegen habe, der Stolz Griechenlands und der Stapelplatz seines Handels; eine Stadt, deren Reichthum, Pracht und Luxus zum Sprichwort geworden waren; eine Stadt, welche zahlreiche Kolonien, unter andern das mächtige und herrliche Syrakus, gründete; eine Stadt, welche lange dem Ehrgeize Roms widerstand und nur durch Verrath i. J. 146 v. Chr. in Mummius' Hände kam.

Am Abend kehrte ich nach Neu-Korinth zurück, wo der Lieutenant der kleinen Garnison die ausserordentliche Liebenswürdigkeit hatte, mir eine Escorte von zwei Soldaten zu geben, um mich nach Argos zu begleiten.

Elftes Kapitel

Nächtliche Entweichung. – Escorte. – Reise auf einem schlechten Pferde ohne Sattel, Steigbügel und Zaum. – Ein Σαγμάριον statt Sattel. – Ruinen von Kleonä. – Gefährliche Fieber. – Charvati. – Mykenä; seine Geschichte. – Die Citadelle des Agamemnon mit ihren ungeheuren cyklopischen Mauern und dem grossen Thor mit den beiden in Stein geschnittenen Löwen. – Schatzkammer des Agamemnon; ihre grosse Thür; ihre beiden Zimmer; die bronzenen Nägel in den Steinen, welche beweisen, dass alle Mauern mit Bronze-Platten bekleidet waren.

Da es in Neu-Korinth kein Hôtel giebt, so musste ich die Nacht auf einer hölzernen Bank in einem elenden Wirthshause zubringen. Obgleich ich von Anstrengung ermüdet war, so konnte ich doch kein Auge schliessen, weil die Mücken mich nicht einen Augenblick in Ruhe liessen. Vergebens suchte ich mich gegen sie zu schützen, indem ich das Gesicht mit einem Tuche bedeckte; sie stachen mich durch die Kleider hindurch. Voll Verzweiflung lief ich nach der Thür, aber sie war verschlossen. Der Wirth war ausgegangen und hatte die Schlüssel mitgenommen. Statt der Fenster hatte die Wohnung viereckige, durch eiserne Stangen verschlossene Oeffnungen. Nach langer und beschwerlicher Arbeit gelang es mir, zwei dieser Stangen herauszureissen, und auf die Gefahr hin, von den Nachtwächtern für einen Dieb gehalten zu werden, sprang ich auf die Strasse und bettete mich auf den Sand am Meeresufer, wo es glücklicher Weise keine Mücken gab. Ich schlief sofort ein und erfreute mich wenigstens drei Stunden lang der angenehmsten Ruhe.

Um vier Uhr Morgens stand ich auf, schwamm eine halbe Stunde im Meere und kehrte zur grossen Verwunderung des Wirthes in sein Haus zurück. Er war eben dabei, seine Sachen zu untersuchen; denn als er bemerkte, dass ich mich davon gemacht hatte, nahm er an, ich hätte ihn bestohlen. Alles klärte sich bald auf, und ich brauchte nicht, um meinen Wirth zu begütigen, ihm aus dem Homer vorzulesen. Er war zufrieden, als ich ihm ein Zwei-Frankenstück für den an den eisernen Stangen angerichteten Schaden gab.

Um 5 Uhr setzten wir unsere Reise fort, die beiden Soldaten und mein Führer zu Fuss, ich auf einem schlechten Pferde, einer wahren Rosinante. Trotz aller Bemühungen hatte ich weder Zügel, noch Sattel, noch Steigbügel bekommen können, denn dergleichen sind in Korinth als reine Luxusartikel gar nicht vorhanden. Der Zügel wurde durch einen um den Hals des Pferdes gebundenen Strick ersetzt, mit welchem ich nur mit grosser Mühe lenken konnte. In Ermangelung eines Sattels hatte man auf den Rücken des Thieres ein Σαγμάριον gelegt, eine Art viereckiges hölzernes Gerüst, welches an den vier Ecken mit Haken versehen ist. Diese Σαγμάρια sind für den Transport von Lasten sehr bequem; aber wegen der spitzen Ecken sind sie ein wahres Marterwerkzeug, wenn man sie als Sattel gebraucht. Wohl oder übel musste ich mich desselben bedienen, denn die Hitze war drückend, besonders in den Gebirgen, wo kein Lüftchen wehte. An einem Haken zur Linken hing mein Nachtsack, an einem andern zur Rechten ein Korb mit den sechs Vasen, die ich von den Bauern in Alt-Korinth gekauft hatte; am Haken hinter mir war auf der einen Seite eine grosse, vier Liter Wein enthaltende Flasche, auf der andern ein Sack mit zwei Broden für uns und Futter für das Pferd angebracht.

Der Weg, den man nur einen Fusssteig nennen kann, geht durch eine sehr gebirgige Gegend. Nachdem wir vier Stunden lang unaufhörlich bald bergan, bald bergab gestiegen waren, kamen wir an die Ruinen der alten Stadt Kleonä, und liessen uns an einer reichlich fliessenden Quelle nieder, um ein frugales Frühstück zu uns zu nehmen, welches aus trocknem Brod, Wasser und Wein bestand. Mein Führer und die Escorte ruhten eine Stunde lang aus, während ich die Ruinen von Kleonä durchforschte. Leider aber ist nichts zu sehen, als einige Säulen und Fundamente alter Gebäude. Neben diesen Ruinen ist ein Sumpf, dessen Ausdünstungen die Luft verpesten und gefährliche Fieber erzeugen, mit denen fast alle Einwohner der Umgegend behaftet waren.

Halb 1 Uhr kamen wir in dem schmutzigen und elenden Dorfe Charvati an, das auf einem Theile der Baustelle der alten Stadt Mykenä liegt, welche früher die Hauptstadt des Königs Agamemnon und wegen ihrer ungeheuren Reichthümer berühmt war. Mein Führer und die beiden Soldaten, welche den ganzen Weg von Korinth zu Fuss gemacht hatten, waren so ermüdet, dass sie mir nicht bis zu der Citadelle, welche sich 3 Kilometer von Charvati befindet, folgen konnten. Ich erlaubte ihnen, bis zu meiner Rückkehr im Dorfe auszuruhen, umsomehr als wir über die Gebirge hinaus waren und ich von Räubern nichts mehr zu fürchten hatte. Ausserdem kannten sie Mykenä nicht einmal dem Namen nach, wussten nichts von den Helden, denen diese Stadt ihren Ruhm verdankt, und hätten mir also auch nichts nützen können, weder um mir Monumente zu zeigen, noch um meine Begeisterung für die Archäologie anzuspornen. Ich nahm daher nur einen Bauerburschen mit mir, welcher die Citadelle unter dem Namen „Κάστρον Ἀγαμέμνονος“ (*Festung Agamemnons*) und die Schatzkammer als „Τάφος Ἀγαμέμνονος“ (*Grabmal des Agamemnon*) kannte.

Mykenä wird von Homer nur einmal „Μυκήνη“ (*Il.* IV, 52), sonst immer „Μυκῆναι“ genannt. Wenn man die weite Ausdehnung der Festung bedenkt, so gewinnt es an Wahrscheinlichkeit, dass in vorhomerischer Zeit die Stadt in der Festung eingeschlossen war und im Singular „Μυκήνη“, später aber, als sie sich auf dem Plateau ausserhalb der Festungsmauern ausbreitete, im Plural „Μυκῆναι“ genannt wurde. Da Homer sie nur einmal im Singular „Μυκήνη“ nennt, so scheint es, dass die Vergrösserung der Stadt in der Zeit Homers, oder kurze Zeit vor ihm stattgefunden hat, sodass bei seinen Lebzeiten der Singular Μυκήνη schon fast ausser Gebrauch gekommen war. Er nennt sie (*Il.* VII, 180 und XI, 46): „πολύχρυσος“ (*goldreich*); (*Il.* IV, 52) „εὐρυάγυια“ (*mit breiten Strassen*); (*Il.* II, 569) „ὐκτίμενον πτολίεθρον“ (*die wohlgebaute Stadt*).

Wegen ihrer einsamen Lage am Fusse der Gebirge, am Ende der argolischen Ebene, heisst es (*Od.* III, 263), sie habe gelegen: „μυχῷ Ἄργεος ἱπποβότοιο“ (*in einem Winkel des rosseernährenden Argos*).

Mykenä's Berühmtheit gehört ausschliesslich dem heroischen Zeitalter an, denn die Stadt verlor ihre Bedeutung nach der Rückkehr der Herakliden und der

Besitznahme von Argos durch die Dorier; aber sie behauptete ihre Unabhängigkeit und nahm an dem Nationalkriege gegen die Perser Theil. Achtzig Mykenier kämpften und fielen mit der kleinen Schaar Spartaner in den Thermopylen (*Herodot* VII, 202), und vierhundert Mykenier und Tirynthier betheiligten sich an der Schlacht bei Plataä (*Herodot* IX, 28). Die Argiver, welche neutral geblieben waren, beneideten die Mykenier um die Ehre der Theilnahme an diesen Schlachten, und fürchteten ausserdem, die Mykenier möchten im Hinblick auf den alten Ruhm ihrer Stadt sich wieder der Hegemonie über Argolis bemächtigen. Aus diesen Gründen belagerten sie Mykenä, nahmen es ein und zerstörten es 466 v. Chr. (*Diod. Sic.* XI, 65; *Strabo* VIII, 6; *Pausanias* II, 16).

Als ein halbes Jahrhundert später Thucydides die Stadt besuchte, fand er sie in Trümmern. Strabo sagt: „Αἱ μὲν οὖν Μυκῆναι νῦν οὐκέτι εἰσίν" (*Mykenä ist jetzt nicht mehr vorhanden*); aber er scheint nicht dort gewesen zu sein, denn sonst würde er ihre Ruinen und die Citadelle erwähnt haben. Als fast fünf und ein halb Jahrhundert nach Thucydides, Pausanias Mykenä besuchte, sah er einen Theil der Citadelle, das Thor mit den beiden Löwen, die Schatzkammern des Atreus und seiner Söhne, die Gräber des Atreus, der von Aegisthus ermordeten Gefährten Agamemnons, der Kassandra, des Agamemnon, des Wagenlenkers Eurymedon, der Söhne der Kassandra, der Elektra, des Aegisthus und der Klytämnestra (*Pausanias* II, 16).

Da diese beiden letzteren Gräber „ὀλίγον ἀπωτέρω τοῦ τείχους" lagen, „ἐντὸς δὲ ἀπηξιώθησαν, ἔνθα Ἀγαμέμνων τε αὐτὸς ἔκειτο καὶ οἱ σὺν ἐκείνῳ φονευθέντες" (*ein wenig entfernt von der Mauer, denn sie wurden für unwürdig gehalten, im Innern begraben zu werden, wo Agamemnon und die mit ihm Ermordeten ruhten*), so darf man daraus schliessen, dass Pausanias alle Mausoleen in der Festung selbst gesehen hat, und dass die des Aegisthus und der Klytämnestra ausserhalb der Umfangsmauern der Citadelle lagen.

Von allen diesen Grabdenkmälern ist jetzt keine Spur mehr vorhanden; aber man würde sie durch Nachgrabungen ohne Zweifel wieder auffinden können. Die Festung dagegen ist gut erhalten, und jedenfalls noch heute in einem weit bessern Zustande, als man nach der Aeusserung des Pausanias schliessen dürfte: „ λείπεται δὲ ὅμως ἔτι καὶ ἄλλα τοῦ περιβόλου, καὶ ἡ πύλη, λέοντεσ δὲ ἐφεστήκασιν αὐτῇ" (*es sind indess noch Reste der Citadelle vorhanden, unter andern das Thor, über welchem sich die Löwen befinden*).

In der That sind alle Umfangsmauern der Citadelle noch heute zu sehen. Sie haben an vielen Stellen eine Dicke von 5 bis 7 Metern, und je nach den Hebungen und Senkungen des Bodens eine Höhe von 5 bis 12 Metern. An mehreren Stellen sind diese Mauern aus ungeheuren Steinblöcken von unregelmässiger Form erbaut, zwischen welchen sich Lücken befinden, die mit kleinen Steinen ausgefüllt sind. Meist aber bestehen sie aus vieleckigen an einander gefügten Steinen, die so sorgfältig bearbeitet sind, dass die Aussenseite des Mauerwerks eine glatte Fläche bildet. An einigen Stellen, namentlich in der Nähe des grossen Thores, findet sich eine dritte Art Mauern aus fast viereckigen Steinen von 1 Meter 34 Centimeter bis 3 Meter 33 Centimeter Länge, 1 Meter bis 1 Meter 67 Centimeter Höhe und 1 bis 2 Meter Breite.

Die Citadelle hat 333 Meter Länge und bildet ein unregelmässiges Dreieck; sie liegt auf dem Gipfel eines steilen Hügels, zwischen zwei Bächen, am Fusse zweier 350 Meter hohen Berge. Im Innern der Festung erhebt sich der Boden von allen Seiten gegen den Mittelpunct und bildet Terrassen, welche durch cyklopische Mauern gleichmässig gestützt werden. Ich fand hier drei Cisternen und stieg in die grösste derselben hinunter, kam aber eilig wieder herauf, weil sie von giftigen Schlangen wimmelte.

Das grosse Thor, welches ich schon erwähnt habe, liegt auf der nordwestlichen Seite und bildet mit der anstossenden Mauer einen rechten Winkel. Man gelangt zu ihm auf einem 16 Meter 67 Centimeter langen und 10 Meter breiten Wege, der durch diese und eine andere äussere, mit ihr parallel laufende Mauer gebildet wird, welche letztere nur zur Vertheidigung des Weges gedient zu haben scheint. Das Thor hat eine Höhe von 3 Meter 34 Centimeter und eine Breite von 3 Meter und 17 Centimeter; es wird von zwei aufrecht stehenden Steinen gebildet, von 1 Meter Breite und 2 Meter Tiefe, die mit einem dritten von 5 Meter Länge und 1 Meter 33 Centimeter Tiefe bedeckt sind. Auf diesem letzteren Steine, der in der Mitte 2 Meter 24 Centimeter hoch ist und nach beiden Enden zu etwas abnimmt, steht ein dreieckiger, 4 Meter langer, 3 Meter 34 Centimeter hoher und 67 Centimeter tiefer Stein, auf welchem sich zwei Löwen in Bas-relief befinden, die auf den Hintertatzen stehen und mit den Vordertatzen einen runden Altar halten, der sich zwischen ihnen befindet und eine Säule mit einem aus vier, in zwei parallelen Rosenkränzen eingeschlossenen Kreisen gebildeten Kapitäl trägt.

Nach Müller (*Dor.* II, 6 §. 5) ist diese Säule das gewöhnliche Symbol des Apollo Agyieus, des Beschützers der Thore.

Einen Beweis für diese Ansicht haben wir in der Elektra des Sophokles, wo die Handlung vor dieses grosse Festungsthor von Mykenä verlegt ist. Vers 1376–1383 (*ed. Tauchnitz*) fleht Elektra zu Apollo:

Ἄναξ Ἄπολλον, ἵλεως αὐτοῖν κλύε,
Ἐμοῦ τε πρὸς τούτοισιν, ἥ σε πολλὰ δὴ,
Ἀφ᾽ ὧν ἔχοιμι, λιπαρεῖ προὔστην χερί.
Νῦν δ᾽, Λύκει᾽ Ἄπολλον, ἐξ οἵων ἔχω,
Αἰτῶ, προπιτνῶ, λίσσομαι, γενοῦ πρόφρων
Ἡμῖν ἀρωγὸς τῶνδε τῶν βουλευμάτων,
Καὶ δεῖξον ἀνθρώποισιν τἀπιτίμια
Τῆς δυσσεβείας οἷα δωροῦνται θεοί.

„Herrscher Apollo, höre sie gnädig an, sowie auch mich, die ich dir oft mit meinen flehenden Händen Gaben darbrachte von dem, was ich hatte. Jetzt, Lykischer Apollo, bringe ich dir alles dar, was ich habe, ich flehe dich an, ich werfe mich vor dir nieder, ich beschwöre dich, steh uns in dieser Unternehmung bei, und zeige den Menschen, welche Strafe die Götter der Gottlosigkeit vorbehalten."

Die bereits erwähnten Löwen sind in Bas-reliefs mit vieler Anmuth und Feinheit ausgeführt, und da sie die einzigen Ueberreste der plastischen Kunst des heroischen Zeitalters in Griechenland sind, so haben sie für die Archäologie ein unermesslich hohes Interesse.

An Ober- und Unterschwelle des grossen Thores sieht man deutlich die Löcher für Riegel und Angeln, und in den grossen Steinen des Pflasters die Geleise der Wagenräder.

An der nordöstlichen Seite ist eine Ausfallthür von 2 Meter 34 Centimeter Höhe und 1 Meter 66 Centimeter Breite; sie wird ebenfalls von drei Steinen gebildet, zeigt aber keine Bildhauerarbeit.

Die ganze Bodenfläche innerhalb der Citadelle ist mit Stücken von Ziegeln und Töpferwaaren bedeckt. Wie ich in einer von einem Bauern zu einem mir unbekannten Zwecke gegrabenen Grube sah, findet man dergleichen Bruchstücke bis zu einer Tiefe von sechs Metern. Mit Recht schliesst man wohl daraus, dass die ganze Festung im Alterthume bewohnt gewesen ist, und darf mit Rücksicht auf ihre imponirende Lage und grosse Ausdehnung annehmen, dass sie die Paläste der Familie des Atreus enthalten hat. Dass Sophokles derselben Ansicht war, ergiebt sich aus seiner Elektra.

Von hier begab ich mich nach der Schatzkammer Agamemnons, gewöhnlich „Τάφος Ἀγαμέμνονος“ (*Grab des Agamemnon*) genannt, welche sich 1 Kilometer weit von der Festung befindet. Sie ist einer Schlucht gegenüber in den Abhang eines Hügels gegraben. Ein Gang von 50 Meter Länge und 9 Meter Breite, den zwei parallele Mauern von 10 Meter Höhe aus künstlich behauenen Steinen von 1 Meter 34 Centimeter bis 1 Meter 67 Centimeter Länge und 67 Centimeter bis 1 Meter Breite bilden, führt zu dem grossen Eingangsthore, welches 4 Meter 30 Centimeter hoch und am oberen Theile 2 Meter 83 Centimeter breit ist; seine Breite nimmt allmählich zu und beträgt unten 3 Meter.

Dieses Thor ist von einem einzigen prachtvoll behauenen Steinblocke von 9 Meter Länge und 1 Meter 50 Centimeter Höhe verdeckt, über welchem sich eine dreieckige Oeffnung befindet, welche 4 Meter hoch und unten ebenso breit ist. Neugierig kletterte ich hinauf und fand in der dreieckigen Oeffnung Spuren, welche es nicht zweifelhaft lassen, dass hier Statuen oder kleine Säulen gestanden haben mögen. Zu jeder Seite des grossen Thores befand sich früher eine Säule mit Piedestal und Kapitäl und zierlichen Sculpturen, die nach Leake (*Morea* Bd. 2, S. 374) keine Aehnlichkeit mit andern erhaltenen Bildwerken Altgriechenlands haben, sondern sich dem Stile derjenigen von Persepolis nähern.

In dem grossen Eingange sieht man die Löcher für die Riegel und Thürangeln. In gleicher Linie mit diesen befindet sich eine Reihe kleiner runder Löcher von etwa 5 Centimeter im Durchmesser und ungefähr 2 Centimeter Tiefe, auf deren Gründe man zwei ganz kleine Löcher erkennt, in denen jedenfalls bronzene Nägel gesteckt haben, von denen noch Reste vorhanden sind. Ohne Zweifel hielten diese Nägel die bronzenen, in den runden Löchern befestigten Verzierungen. Die Schatzkammer besteht aus zwei Zimmern, von denen das erste kegelförmig ist und 16 Meter im Durchmesser und 16 Meter 67 Centimeter Höhe hat; es steht durch eine Thür mit einem weiter hinein befindlichen, nur 7 Meter 66 Centimeter langen und breiten Zimmer in Verbindung, welches plump in den Felsen gehauen ist.

Dieses letztere war vollkommen dunkel, und zum Unglück hatte ich keine Streichhölzer mitgenommen. Ich sagte dem Jungen, der mich von Charvati begleitet hatte, er solle welche holen; aber er versicherte mir, es gäbe im ganzen

Dorfe keine. Da ich indess vom Gegentheil überzeugt war, so versprach ich ihm für drei Streichhölzer eine halbe Drachme (ungefähr 40 Centimes). Der Junge war ganz verblüfft über meine Freigebigkeit und wollte es nicht glauben. Dreimal fragte er mich, ob ich ihm wirklich 50 Lepta geben würde, wenn er Streichhölzer brächte. Zweimal sagte ich Ja, das dritte Mal schwur ich bei Agamemnon's und Klytämnestra's Asche. Kaum hatte ich diesen Schwur gethan, so lief der Junge eilends nach Charvati, das über zwei Kilometer von der Schatzkammer des Agamemnon entfernt ist, und kam bald wieder, in einer Hand ein Bündel Strauchwerk, in der andern zehn Streichhölzer. Als ich ihn fragte, warum er dreimal mehr Streichhölzer gebracht hätte, als ich verlangte, gab er anfänglich ausweichende Antworten; aber durch wiederholte Fragen gedrängt, gestand er endlich, er hätte gefürchtet, ein oder das andere Streichhölzchen möchte nicht fangen, und um ganz sicher zu gehen und den versprochenen Lohn auf jeden Fall zu erhalten, habe er zehn statt drei gebracht. Nun zündete er in dem inneren Zimmer ein grosses Feuer an, bei dessen Schein die unzähligen Fledermäuse, welche hier ihren Wohnsitz aufgeschlagen hatten, mit schwirrendem Flügelschlag aufflogen und zu entkommen suchten. Aber geblendet von dem Scheine des Feuers konnten sie den Ausweg nicht finden, flatterten von einer Seite des Zimmers zur andern und belästigten uns sehr, da sie uns ins Gesicht flogen und sich an unsere Kleider anklammerten.

Diese Scene erinnerte mich lebhaft an die schönen Verse Homers (*Od.* XXIV, 6–10), in welchen er schildert, wie Mercur die Seelen der Freier der Penelope in die Unterwelt führt und sie ihm schwirrend folgen:

> Ὡς δ' ὅτε νυκτερίδες μυχῷ ἄντρου θεσπεσίοιο
> Τρίζουσαι ποτέονται, ἐπεί κέ τις ἀποπέσῃσιν
> Ὁρμαθοῦ ἐκ πέτρης, ἀνά τ' ἀλλήλῃσιν ἔχονται·
> Ὣς αἱ τετριγυῖαι ἅμ' ἤϊσαν· ἦρχε δ' ἄρα σφιν
> Ἑρμείας ἀκάκητα κατ' εὐρώεντα κέλευθα.

„Wie drinnen in einer göttlichen Höhle die Fledermäuse flattern und ein schwirrendes Geräusch machen, wenn eine von ihnen vom Felsen fällt, an dem sie alle aneinander geklammert sitzen: so bewegten sich die Seelen schwirrend. An ihrer Spitze ging Mercur, der sie zu den dunklen Pfaden führte."

Der grosse Saal oder Dom ist aus künstlich behauenen, 33 bis 70 Centimeter langen und 30 bis 60 Centimeter breiten, ohne Cement übereinander geschichteten Steinen erbaut. In jedem dieser Steine sind zwei kleine Löcher mit den Resten von darin eingeschlagen gewesenen Nägeln. Man findet selbst noch vollständig erhaltene Nägel in den Steinen des oberen Theils des Domes. Diese können wohl kaum einen andern Zweck gehabt haben, als die Zimmerbekleidung zu befestigen, und, wenn wir auch zugeben, dass die Nägel im untern Raume, bis zu einer Höhe von vier Metern, zum Aufhängen der Waffen und anderer Gegenstände gedient haben, so können doch unmöglich die oben am Gewölbe des Domes befindlichen zu gleichem Zwecke verwandt worden sein. Uebrigens zeigt die Bauart dieses Gebäudes bis in seine kleinsten Einzelnheiten eine wunderbare Kunst und Sorgfalt. Nachdem es einunddreissig Jahrhunderte lang den Verheerungen der Zeit getrotzt hat, ist es noch jetzt so vollkommen erhalten, als wenn es erst kürzlich erbaut wäre. Ohne Zweifel ist es früher auf die glänzendste Weise ausgeschmückt gewesen. Meiner Ueberzeugung nach waren alle inneren Wände des grossen Saales mit bronzenen oder kupfernen polirten Platten bekleidet, umsomehr, da wir aus den Schriften des Alterthums wissen, dass die Griechen in frühester Zeit ihre Gebäude auf diese Weise ausstatteten; denn anders können wir uns die ehernen Häuser und Zimmer, welche die alten Dichter und Historiker erwähnen, nicht erklären.

So lesen wir z. B. bei Homer (*Od.* VII, 84–87):

> Ὥστε γὰρ ἠελίου αἴγλη πέλεν ἠὲ σελήνης,
> Δῶμα κάθ' ὑψερεφὲς μεγαλήτορος Ἀλκινόοιο,
> Χάλκεοι μὲν γὰρ τοῖχοι ἐρηρέδατ' ἔνθα καὶ ἔνθα,
> Ἐς μυχὸν ἐξ οὐδοῦ · περὶ δὲ θριγκὸς κυάνοιο.

„Wie die Sonne oder der Mond im hellen Glanze strahlen, so erglänzte der hohe Palast des hochherzigen Alkinoos; denn die ehernen Wände erstreckten sich von der Schwelle des Thores bis auf den Grund des Gebäudes; ihr Simswerk war von blauem Stahl."

Und bei Pausanias (II, 23):

Ἄλλα δέ ἐστιν Ἀργείοις θέας ἄξια · κατάγαιον οἰκοδόμημα, ἐπ' αὐτὸ δὲ ἦν ὁ χαλκοῦς θάλαμος, ὃν Ἀκρίσιός ποτε φρουρὰν τῆς θυγατρὸς ἐποίησεν. Περίλαος δὲ καθεῖλεν αὐτὸν τυραννήσας ·τοῦτό τε οὖν τὸ οἰκοδόμημά ἐστι.

„In Argos gibt es noch andere sehenswerthe Merkwürdigkeiten: ein unterirdisches Gewölbe, über welchem sich das kupferne Zimmer befand, das

Akrisius seiner Tochter (Danaë) als Gefängniss anwies; unter Perilaos Regierung wurde es zerstört; das Gebäude aber ist noch jetzt vorhanden."

Ferner bei Horaz (*Od.* III, 16):

Inclusam Danaën turris ahenea
Robustaeque fores et vigilum canum
Tristes excubiae munierant satis

Nocturnis ab adulteris .....

„Ein eherner Thurm, feste Thüren und die strenge Wache unheimlicher Hunde waren für die eingeschlossene Danaë eine hinreichend starke Schutzwehr gegen nächtliche Buhler."

Zwölftes Kapitel

Hoher Preis des Eisens im Alterthume. – Zwei andere Schatzkammern. – Der Boden ist mit alten Scherben bedeckt. – Ruinen des Heraion. – Argos. – Die Citadelle. – Geschichte von Argos. – Zweiundzwanzig Führer. – Ruinen der Altstadt. – Die Fustanella. – Der Retsino-Wein. – Tiryns und seine cyklopischen Mauern. – Geschichte von Tiryns. – Nauplia. – Sage von Palamedes. – Beweis, dass die Schreibkunst zur Zeit Homers nicht bekannt war. – Die Festung Palamedes. – Die Gefangenen.

Es unterliegt keinem Zweifel, dass Eisen und Stahl schon zu Homers Zeiten bekannt waren, weil dieser Dichter öfter σίδηρος (*Eisen*) und κύανος erwähnt, welches letztere Wort man nicht anders als durch *Stahl* übersetzen kann (*Il.* XXIII, 850–851; XI, 24–25; *Od.* IX, 391–393; VII, 87); aber beide Metalle waren damals so selten und so kostbar, dass man sie noch nicht zur Verfertigung von Waffen anwandte; und wirklich sind alle in Homers Gedichten erwähnten Waffen aus χαλκός (Erz, worunter man *Bronze* oder *Kupfer* zu verstehen hat).

Dies bestätigt auch Pausanias (III, 3, §. 6):

„Dass im heroischen Zeitalter alle Waffen von Erz waren, bezeugt uns Homer durch seine Beschreibung der Axt des Peisandros und des Pfeiles des Meriones. Einen andern Beweis giebt uns die Lanze des Achilles, welche im Tempel der Minerva zu Phaselis aufbewahrt wird, und der Degen des Memnon, den man im

Tempel des Aeskulap zu Nikomedia sieht; die Spitze und der Beschlag der Lanze, sowie der ganze Degen, sind von Erz; wir wissen, dass es sich so verhält."

Selbst sieben Jahrhunderte nach dem trojanischen Kriege war das Eisen noch so kostbar und selten, dass in dem Friedensvertrage, den Porsenna nach Vertreibung der Könige mit dem römischen Volke schloss, sich die ausdrückliche Klausel befand, die Römer sollten das Eisen nur zum Ackerbau verwenden (*Plinius* XXXIV, 39).

In der Nähe der Citadelle sieht man die Ruinen zweier anderer Schatzkammern von geringeren Dimensionen, die aber in demselben Styl, wie die eben beschriebene, erbaut sind. In beiden sind die Gewölbe eingestürzt, die Mauern hingegen gut erhalten. Als ich die Steine dieser Bauwerke aufmerksam untersuchte, fand ich auch die Spuren bronzener Nägel, ein deutlicher Beweis, dass das Innere ebenfalls mit kupfernen Platten bekleidet gewesen ist.

Die ganze Baustelle der alten Stadt Mykenä ist mit Trümmern von Ziegeln und Töpferwaaren bedeckt, und selbst, wenn man von der Festung und den Schatzkammern absieht und nur den Erdboden betrachtet, so sieht man, dass hier eine grosse Stadt gestanden haben muss.

Als ich 4 Uhr Nachmittags nach Charvati zurückkehrte, fand ich meine Escorte und den Führer fest eingeschlafen, und ich konnte sie nicht anders wach machen, als indem ich ihnen Wasser ins Gesicht spritzte. Als sie munter geworden waren, wollten sie mich überreden, die Nacht über im Dorfe zu bleiben, weil es schon zu spät wäre, um Argos noch erreichen zu können. Ich hatte indess wenig Lust, die Nacht in diesem Dorfe zuzubringen, dem schmutzigsten und elendesten, das ich bis jetzt in Griechenland gesehen habe, wo sich keine Quelle, kein Brod, kein Obst, sondern nur wenig brackiges Regenwasser vorfand, und gab daher Befehl zur Abreise. Da aber meine Leute neue Einwendungen machten, entliess ich die beiden Soldaten mit einem Geschenk, und bestieg meine Rosinante. Mit Peitsche und Sporn gelang es mir endlich, sie fast in Galopp zu bringen, und so ging es vorwärts in der Richtung nach Argos. Unter solchen Umständen sah sich mein Führer, dem das Pferd gehörte, gezwungen, mir nachzukommen, und er musste sich dazuhalten, um mich einzuholen.

Wenn es schon unangenehm ist, auf einem schlechten, wenn auch gut gesattelten Pferde zu galoppiren, so ist dies noch weit unangenehmer auf einem elenden Thiere, das auf seinem Rücken statt des Sattels ein viereckiges hölzernes

Gerüst ohne Steigbügel trägt, und statt eines Zaumes einen Strick um den Hals hat; man gewöhnt sich aber an alles Ungemach, besonders wenn man ein bestimmtes Ziel im Auge hat. Mein lebhaftes Verlangen, das *Heraion*, den berühmten Tempel der Juno, zu untersuchen und noch am Abend in Argos anzukommen, liess mich vergessen, dass ich ohne Sattel reiten musste.

Um 5 Uhr kam ich an diesem Tempel an, welcher im Jahre 423 v. Chr. durch einen unglücklichen Zufall abbrannte. Pausanias (II, 17) giebt uns die Beschreibung des neuen, neben dem alten errichteten Tempels.

Die Ruinen liegen auf einem Hügel, dessen unregelmässige Platform in drei sich übereinander erhebende Terrassen getheilt ist. Jetzt ist nur ein massiver, cyklopischer Unterbau des alten, und einige hellenische Mauern des neuen Tempels vorhanden.

Halb sieben Uhr Abends kam ich in Argos an, das auf den Ruinen der alten gleichnamigen Stadt erbaut ist. Die neue Stadt hat nur 8000 Einwohner, sie nimmt aber einen ungeheuren Raum ein, weil alle Häuser einstöckig und von Gärten umgeben sind. Sie ist eine der blühendsten Städte Griechenlands, deren Industrie und Landwirthschaft bedeutend ist.

Ein Hôtel giebt es nicht in der Stadt, und da ich mich nicht abermals der Gefahr aussetzen wollte, die Nacht in einem elenden Wirthshause zubringen zu müssen, so blieb mir nichts weiter übrig, als nach dem Abendbrode mein Nachtlager auf einem benachbarten Felde zu suchen.

Am Morgen des folgenden Tages stieg ich, nachdem ich in einem Wirthshause von Argos gefrühstückt hatte, zu der Festung hinauf, die auf einem kegelförmigen, 334 Meter hohen Felsen liegt. Zwei Strassenjungen boten mir, gegen eine Entschädigung von 10 Lepta (8 Centimes) für jeden, ihre Dienste als Führer an.

Diese Citadelle hiess im Alterthum auf pelasgisch *Larissa* oder auch wegen ihrer runden Form *Aspis*, d. h. Schild. Doch bemerkt man an ihren Mauern nur wenig Reste cyklopischer Bauart, und selbst von hellenischer Arbeit ist wenig mehr vorhanden; fast alle Mauern rühren von den Venetianern oder Türken her. Jetzt ist die Citadelle verlassen und verfällt mehr und mehr.

Die Fernsicht von oben ist prachtvoll; man sieht die Ebene von Argos, Tiryns, Nauplia, Mykenä, den halcyonischen See, den lernäischen Sumpf u. s. w.

Eine Stunde lang verweilte ich auf dem höchsten Puncte der Festung, überschaute die Ebene von Argos und vergegenwärtigte mir die Hauptereignisse, deren Schauplatz sie gewesen ist. Hier liess sich im Jahre 1856 v. Chr. Inachus, und 1500 v. Chr. Danaus mit ägyptischen Colonisten nieder. Hier herrschten Pelops, von dem die Halbinsel ihren Namen erhielt, und seine Nachkommen Atreus und Agamemnon, Adrastos, Eurystheus und Diomedes; hier wurde Herkules geboren, der den Löwen in der Höhle von Nemea und die Hydra im lernäischen Sumpfe tödtete. Schon im fernsten Alterthum war Argos in mehrere kleine Reiche getheilt: Argos, Tiryns, Epidaurus, Hermione, Trözen und Mykenä, welche in der Folge unabhängige Staaten bildeten.

Argos, eine der grössten und mächtigsten Städte Altgriechenlands, war durch die Liebe ihrer Einwohner für die schönen Künste, besonders für die Musik, berühmt. Nach Pausanias (II, 19 und 20) hatte die Stadt dreissig herrliche Tempel, prachtvolle Gräber, ein Stadion, ein Gymnasion, und manche andere prächtige Denkmäler; jetzt sind nur noch wenige Ruinen davon übrig.

Kaum war ich mit meinen zwei kleinen Führern von der Citadelle herabgestiegen, als ungefähr zwanzig andere Jungen sich mir anschlossen, und so viele Mühe ich mir auch gab, diesen lärmenden Haufen loszuwerden, es wollte mir nicht gelingen. Unter solcher Begleitung besichtigte ich die Reste der alten Stadtmauern, dann das alte Theater, in welchem ich 71 in drei Abtheilungen getheilte Stufen zählte, die in den Felsen gehauen sind, der von Natur eine Krümmung bildet. Das Theater hat 150 Meter, und die Orchestra 67 Meter im Durchmesser; man hat berechnet, dass es 20,000 Zuschauer fassen konnte.

Neben dem Theater sind die Ruinen mehrerer Tempel; in einem derselben kaufte ich von einem Bauern für 30 Drachmen oder ungefähr 2 Francs 60 Centimes eine kleine marmorne Büste des Jupiter, welche er angeblich beim Pflügen gefunden hatte.

Da keine Alterthümer mehr vorhanden waren, so kehrte ich in die Stadt zurück, als die zwanzig Jungen, die mich gegen meinen Willen begleitet hatten, mit lautem Geschrei Bezahlung verlangten, weil jeder behauptete, mein Führer gewesen zu sein. Um sie loszuwerden, gab ich jedem 10 Lepta (8 Centimes), womit sie sich zufrieden gaben.

In Argos, wie überall im Peloponnes, trägt jedermann das griechische Nationalcostüm, welches für die Reichen in zwei sammtnen, goldgestickten Jacken, und für die Bauern in einer oder zwei Jacken aus einfachem Stoffe besteht; ausserdem die Fustanella, die über dem Bauche durch einen Shawl oder einen Gürtel befestigt wird, in welchem eine oder zwei Pistolen und ein Dolch stecken. Die Tracht der Frauen besteht in einem enganschliessenden gestickten Mieder und einem hellfarbigen Rocke; sie tragen auf dem Kopfe einen rothen türkischen Fez mit einer langen Eichel von Seide oder Goldfäden.

Die Hitze war an diesem Tage drückend, und um so unerträglicher, da kein Lüftchen wehte. Da ich fortwährend dem Sonnenscheine ausgesetzt war, so hatte ich viel zu leiden, und meine Kleider waren von Schweiss ganz durchnässt. Ein brennender Durst quälte mich den ganzen Tag, und ich war nicht im Stande ihn zu löschen, obwohl ich eine solche Menge Wein und Wasser trank, als unter andern Umständen für eine ganze Woche hingereicht hätte. Wie überall in Griechenland ist der Wein in Argos ausgezeichnet, besonders der weisse, *Retsino* genannt, der durch die Beimischung von einer Art Harz einen sehr bittern Geschmack bekommt.

Gegen 2 Uhr Nachmittags bestieg ich einen der nach Nauplia fahrenden öffentlichen Wagen. Sieben Kilometer von Argos und 3½ Kilometer von Nauplia, stieg ich bei der Citadelle von Tiryns ab, welche auf dem Plateau eines kleinen Hügels liegt und von 8 bis 12 Meter hohen und 8 bis 9 Meter dicken Mauern umgeben ist. Diese Mauern sind aus grob behauenen, 2 bis 4 Meter langen, 1 Meter 33 Centimeter breiten und ebenso hohen Steinen erbaut. Pausanias berichtet, dass der Heros Tiryns, von dem die Stadt ihren Namen hat, ein Sohn des Argus und Enkel des Jupiter war; dass von den Ruinen nichts weiter übrig ist, als eine von den Cyklopen erbaute Mauer, deren Steine eine so enorme Grösse haben, dass ein Gespann von zwei Maulthieren nicht einmal den kleinsten von der Stelle bewegen könnte. Auch sagt er, dass die Zwischenräume der grossen Steine mit kleinen ausgefüllt sind (*Pausanias* II, 25).

Natürlich versteht Pausanias unter dem Worte τεῖχος die grosse Mauer der Citadelle, denn von der Stadtmauer ist keine Spur zu finden. Wäre diese aber zur Zeit des Pausanias noch vorhanden gewesen, so würde sie wahrscheinlich noch jetzt ebenso wohl, wie die der Citadelle, zu sehen sein.

Man hat diese Mauern im ganzen Alterthume für ein Wunderwerk angesehen; Pausanias (II, 16; VII, 25) und Strabo (VIII, 6) bestätigen, dass sie von den Cyklopen für den König Proitos erbaut worden sind. *Pindar (fragmenta ed. Boeckh)* spricht auch von „Κυκλώπια πρόθυρα Τίρυνθος“ und Pausanias (IX, 36) stellt sie als Wunderwerke den ägyptischen Pyramiden gleich. Auf jeden Fall reicht ihr Bau in die älteste Sagenzeit Griechenlands hinauf, und die Tradition erzählt, Proitos habe Tiryns an Perseus abgetreten und dieser es dem Elektryon überlassen, dessen Tochter Alkmene, die Mutter des Hercules, den Amphitryon heirathete, welcher von Sthenelus, dem Könige von Argos, vertrieben wurde. Herkules eroberte Tiryns und hatte lange Zeit hier seinen Wohnsitz, weshalb er häufig der Tirynthier genannt wird. (Pindar *Ol.* XI, 40; Ovid *Met.* VII, 410; Virgil *Aen.* VII, 662).

Selbst nach der Rückkehr der Herakliden und nach der Eroberung des Peloponnes durch die Dorier blieb die Stadt in der Gewalt der Achäer. Herodot (VI, 81–83) erzählt, dass nach der gänzlichen Niederlage der Argiver durch Kleomenes ihre Stadt (Argos) von Männern so entblösst war, dass die Sklaven sich der Herrschaft bemächtigten; als aber die Söhne der getödteten Einwohner herangewachsen waren, hätten sie die Sklaven vertrieben, welche alsdann Tiryns eroberten und sich dort behaupteten.

Wie ich schon früher bemerkte, haben vierhundert Mykenier und Tirynthier an der Schlacht bei Platää Theil genommen (*Herodot* IX, 28). Im Jahre 466 v. Chr. wurde Tiryns von den Argivern zerstört (*Strabo* VIII, 6).

Im Innern der Citadelle sind zwei durch eine cyklopische Mauer getrennte Plateaus, das eine 4 Meter höher als das andere. Das höhere ist 135 Meter lang und 70 bis 80 Meter breit; das niedrigere ist nur 115 Meter lang und 40 Meter breit. Auf dem höheren Plateau sieht man viele durch cyklopische Mauern gestützte Terrassen.

Die Mauern im Süden und Osten enthalten bedeckte Galerien von eigenthümlicher Bauart. In der östlichen Mauer sind zwei parallele Corridore, deren einer mit sechs Nischen in der äussern Wand versehen ist. In der südlichen Mauer ist eine 4 Meter breite Galerie, in deren Mitte sich ein ungeheurer Thürpfosten befindet, mit einem grossen Loch für den Riegel, woraus sich ergiebt, dass man, wenn es nöthig war, den Durchgang verschliessen konnte. Ohne Zweifel haben diese Galerien dazu gedient, zwischen den beiden Thürmen oder Waffenplätzen an den äussersten Enden die Communication zu unterhalten.

Homer nennt Tiryns (*Il.* II, 559): Τίρυνς τειχόεσσα (*das mit Mauern umgebene Tiryns*). Da er das Adjectiv „τειχόεσσα“ von andern Städten nicht gebraucht, so hat er ohne Zweifel damit sagen wollen, dass die Mauern von Tiryns mit ganz besonderm Rechte diesen Namen verdienten.

Auf der Südwestseite der Citadelle ist Raum genug für eine Stadt, und wirklich ist hier der Boden mit Trümmern von Ziegeln und Töpferwaaren bedeckt, woraus sich ohne Zweifel ergiebt, dass hier eine Stadt gestanden hat; diese kann aber keine cyklopischen Mauern gehabt haben, da sich keine Spuren davon mehr vorfinden. Ueberhaupt habe ich in der Umgegend auch nicht einen einzigen Stein gesehen, der von einem cyklopischen Bau herrühren könnte, weshalb ich vermuthe, dass zu Homers Zeiten die ganze Stadt oder wenigstens der grösste Theil derselben sich in der Festung selbst befand, dass die Erbauung der ausserhalb derselben liegenden Stadt in spätere Zeit fällt. Das von Homer gebrauchte Wort τειχόεσσα kann sich also meiner Meinung nach nur auf die ungeheuren cyklopischen Mauern der Festung von Tiryns beziehen.

Ich setzte meine Reise allein und zu Fuss in der Richtung von Nauplia fort, griechisch Ναυπλία, auf italienisch *Napoli di Romagna* genannt, und kam in einer Stunde vor dem Stadtthore an, über welchem man noch jetzt den Löwen von St. Marcus sieht. Auf meinem Wege nach dem Gasthofe kam ich an mehreren Springbrunnen mit türkischen Inschriften vorbei, aus welchen sich ergiebt, dass die Brunnen im zwölften Jahrhundert der Hedschra angelegt sind.

Das Dampfboot war eben nach dem Piräeus abgefahren, und ich musste eine Woche lang auf die nächste Fahrt warten.

Nauplia wurde von Ναύπλιος, dem Sohne des Neptun und der Amymone (*Strabo* VIII, 6 und *Pausanias* II, 38), gegründet.

Nach der Tradition war Palamedes, der Sohn des Nauplios, nach Ithaka gegangen, um die List des Odysseus zu enthüllen, welcher, um dem Zuge nach Troja zu entgehen, den Wahnsinnigen spielte. Als Palamedes sah, wie Odysseus am sandigen Meeresstrande mit einem Pferde und einem Ochsen pflügte und Salz in die Furchen streute: so nahm er den neugebornen Telemach aus den Armen der Penelope und legte ihn vor den Pflug. Odysseus aber gab der Pflugschar eine andere Richtung, um sein Kind nicht zu tödten. Da erkannte Palamedes seine List und zwang ihn, dem Zuge nach Troja zu folgen. Um sich zu rächen, ahmte Odysseus die Namensunterschrift des Palamedes nach und schrieb unter seinem Namen Briefe an Priamus, in denen er Verrath an den Griechen übte. Wirklich wusste er es auch so anzustellen, dass die Correspondenz in die Hände der Griechen fiel, welche den Palamedes zum Tode verurteilten und steinigten. Indes Strabo (VIII, 6) erklärt diese Erklärung für eine Fabel; denn Homer würde, wenn die Sache sich so verhalten hätte, gewiss nicht unterlassen haben, einen Mann wie Palamedes zu erwähnen, der nach so vielen Beweisen von Scharfsinn und Klugheit auf ungerechte Weise ermordet worden war.

Wir erklären aus noch zwei andern gewichtigen Gründen diese Erzählung für eine Fabel. Erstens ist nirgends auf Ithaka ein sandiges Ufer, da die ganze Küste mit Felsen bedeckt ist, welche schroff ins Meer abfallen und die Aufhäufung des Sandes unmöglich machen. Zweitens darf man wohl mit Sicherheit annehmen, dass zur Zeit des trojanischen Krieges die Schreibkunst noch gar nicht erfunden war, weil man noch niemals eine Inschrift aus dem heroischen Zeitalter gefunden hat; und selbst im Sprachgebrauche des Homer, von dem man annimmt, dass er zwei Jahrhunderte nach diesem Kriege gelebt hat, hat das Wort γράφειν nicht die Bedeutung von schreiben, sondern ritzen, kratzen, einschneiden. Z. B. *Il.* VI, 167–170:

> Κτεῖναι μέν ῥ᾽ ἀλέεινε, σεβάσσατο γὰρ τόγε θυμῷ,
> Πέμπε δέ μιν Λυκίηνδε, πόρεν δ᾽ ὅγε σήματα λυγρὰ
> Γράψας ἐν πίνακι πτυκτῷ θυμοφθόρα πολλά
> Δεῖξαι δ᾽ ἠνώγειν ᾧ πενθερῷ, ὄφρ᾽ ἀπόλοιτο.

„Er stand davon ab, ihn zu tödten, denn eine heilige Scheu hielt ihn zurück; aber er schickte ihn nach Lycien und gab ihm verderbenbringende Zeichen mit, indem er in eine gefaltete Tafel viele todbringende Merkmale einschnitt; diese sollte er seinem Schwiegervater zeigen, damit er auf diese Weise umkäme."

Nach Apollodors Ansicht (II, 3), der die nämliche Geschichte erzählt, soll Homer mit σήματα geschriebene Buchstaben, und mit γράφειν schreiben meinen, denn er sagt: „Ἔδωκεν ἐπιστολὰς αυτῷ πρὸς Ἰοβάτην κομὶσειν ἐν αἷς ἐνεγέγραπτο Βελλεροφόντην ἀποκτεῖναι." (*Er gab ihm Briefe an den Jobates, in welchen geschrieben war, er solle den Bellerophon tödten.*)

Indess Apollodor irrt; denn in den Homerischen Gedichten findet sich nirgends die geringste Spur der Anwendung der Schreibkunst; man kann also nicht annehmen, dass den Homerischen Helden diese Kunst bekannt gewesen sei.

Im Zusammenhange mit der erzählten Fabel von Palamedes wird der hohe, steile und einsame Felsen vor Nauplia noch jetzt Palamedes genannt. Auf dem Gipfel desselben, der sich 240 Meter über den Meeresspiegel erhebt, ist eine grosse, von den Venetianern erbaute Festung. Sie ist von allen Seiten unnahbar, ausser an einem Puncte im Osten, wo sich der Felsen an eine Hügelkette anschliesst. Wegen ihrer scheinbar uneinnehmbaren Lage wird sie das griechische Gibraltar genannt. Sie wurde nach einer langen Belagerung durch die Griechen den Türken genommen und ergab sich erst, als fast die ganze Garnison vor Hunger umgekommen war. Die Festungswerke sind stark, aber in schlechtem Zustande. Die Garnison besteht jetzt nur aus etwa 30 Soldaten.

Auf einen Erlaubnissschein des Generalstabes von Nauplia zeigte man mir die Citadelle in allen ihren einzelnen Theilen. Man führte mich auch in den Gefängnisshof, wo man Verschläge hat anbringen lassen, damit die Gefangenen dort täglich einmal nach der Reihe frische Luft schöpfen können.

Es war eben 5 Uhr Nachmittags und alle Gefangenen hatten bereits ihren Spaziergang gemacht, mit Ausnahme von fünfen, welche ich noch in einem der Verschläge herumgehen sah. Sie konnten sich nur mühsam bewegen, da sie mit schweren Ketten an den Füssen belastet waren. Ihr wildes Aussehen erregte meine Aufmerksamkeit und ich trat an den Verschlag heran, um sie näher in Augenschein zu nehmen. Die fünf Männer kamen sogleich auf mich zu und fragten mich nach einer tiefen Verbeugung, ob ich ihnen nicht ein griechisches Buch oder wenigstens ein griechisches Journal geben könnte. Zufällig hatte ich einen Band der Gedichte von Alex Sutsos bei mir. Ich machte ihnen das Buch zum Geschenk und gab ihnen den guten Rath, es ganz auswendig zu lernen. Mit dem Ausdrucke der lebhaftesten Freude nahmen sie es an; aber wie war ich erstaunt, als ich sah, dass sie das Buch verkehrt hielten. Ich bekam eben keine hohe Meinung von ihren Kenntnissen und fragte, ob sie lesen könnten. Sie antworteten: Οὐδὲ Γράμμα (*nicht einen Buchstaben*). – Aber was wollt Ihr denn mit dem Buche anfangen? – Wir wollen lesen lernen, antworteten sie.

Obgleich ich nicht recht begriff, wie sie es anfangen wollten, aus einem gedruckten Buche lesen zu lernen, von dem sie nicht einen Buchstaben verstanden, so wollte ich doch keine weiteren Fragen deshalb an sie richten, aus Furcht, sie möchten glauben, ich wollte ihnen das Buch wieder abnehmen. Ich lenkte daher die Unterhaltung auf einen andern Gegenstand und frug, warum sie im Gefängniss wären.

Sie antworteten: Wir schwören Ihnen, dass wir gegen unsern Willen hier sind; auch sind wir vollkommen unschuldig, denn wir sind friedliche Hirten und haben Niemandem etwas zu Leide gethan. – Aber man steckt ehrliche Leute nicht ein, sagte ich zu ihnen, Ihr müsst also die menschliche Gesellschaft schwer beleidigt haben, dass sie eine so schreckliche Rache an Euch nimmt. – Man hat sich in uns geirrt, sagten sie; man hat geglaubt, wir trieben das Räuberhandwerk in den Gebirgen, während wir nur unsere Heerden weideten.

Trotz ihrer Versicherung, dass sie immer einen musterhaften Lebenswandel geführt hätten, schenkte ich doch ihren Worten wenig Glauben und entfernte mich mit dem Rathe, das Buch tüchtig zu studiren. Von dem Officier, der mich herumführte, erfuhr ich, dass diese fünf Männer berüchtigte Räuber wären, die sich einer Menge Mordthaten schuldig gemacht hätten, weshalb sie alle zum Tode verurtheilt wären und in einigen Tagen ihrem Ende entgegen sähen.

Dreizehntes Kapitel

Akro-Nauplia. – Der Lernäische Sumpf. – Die Lernäische Hydra. – Schildkröten und Schlangen. – Abreise von Nauplia. – Hydra. – Die reizenden Hydriotinnen. – Sphäria und seine albanesische Bevölkerung. – Liebenswürdige griechische Gesellschaft. – Aegina. – Sein alter Ruhm. – Seine Ruinen. – Schwierigkeit, die alten Münzen zu erklären. – Das Klima Aegina's – Ankunft im Piräeus in Athen.

In der Stadt selbst ist eine zweite Festung, Akro-Nauplia. Sie hat keine Bedeutung.

Nauplia ist eine der ältesten Städte Griechenlands. Zur Zeit des Pausanias war sie unbewohnt und lag wahrscheinlich bereits in Trümmern.

Ich fuhr in einer Barke quer über den Golf von Nauplia und stieg auf der andern Seite bei dem Orte Οἱ μύλοι (*die Mühlen*) aus, um den berühmten Lernäischen Sumpf zu besichtigen. Der Sage nach war er einst von der Hydra, der Tochter des Typhon und der Echidna, bewohnt; diese hatte (nach Diodor) hundert Köpfe, nach andern alten Schriftstellern nur sieben; der mittelste Kopf war unsterblich. Als Herkules vom Eurystheus den Befehl erhalten hatte, sie zu tödten, vertrieb er sie mit Pfeilschüssen von ihrem Lager, packte sie mit den Händen und fing an, ihr die Köpfe abzuhauen. Aber an Stelle jedes abgeschlagenen Kopfes entstanden sogleich zwei neue. Ausserdem schickte Juno der Hydra einen Krebs zu Hülfe, welcher den Herkules in die Füsse stach. Dieser tödtete den Krebs und befahl dem Iolas, einen benachbarten Wald anzuzünden. So oft sie nun einen Kopf abgeschlagen hatten, brannten sie mit einem Feuerbrande die Wunde aus, sodass kein neuer Kopf entstehen konnte. Auf diese

Weise gelang es dem Herkules endlich, alle Köpfe abzuhauen, mit Ausnahme des unsterblichen, den er in die Erde grub und mit Felsblöcken zudeckte. In das giftige Blut des Ungeheuers tauchte er seine Pfeile, die in Folge dessen unheilbare und tödtliche Wunden beibrachten.

Der Lernäische Sumpf, griechisch „ἡ λίμνη τῆς Λέρνης“ genannt, ist ein ganz kleiner See, 400 Meter vom Ufer inmitten eines grösseren Sumpfes von ungefähr drei Kilometern im Umfange. Der kleine See ist von runder Form und hat nur zehn Meter im Durchmesser. Da noch kein Senkblei seinen Grund erreicht hat, so gilt er in der ganzen Umgegend für grundlos. Aus diesem See kommt ein Flüsschen, das sich, in mehrere Arme getheilt, ins Meer ergiesst. Sein Wasser hat nur 16 Grad Wärme und ist daher im Vergleich mit der Luftwärme sehr kalt. Es ist sehr durchsichtig und wimmelt von Schildkröten. Fische giebt es keine darin, vielleicht weil die Schildkröten sich vom Rogen derselben nähren. Der ganze Sumpf ist mit einer üppigen Vegetation von Bäumen, Gesträuchen und Kräutern bedeckt und wimmelt von giftigen Schlangen, sodass man sich nicht ohne Gefahr in ihn hineinwagen kann. Ich liess mich in einem kleinen Kahne durch alle Arme des Flüsschens fahren.

Ganz nahe bei diesem Sumpfe entspringt der Fluss Erasinos auf dem Berge Chaon. Er treibt zahlreiche Mühlen und ergiesst sich in den Golf. Die Höhle, aus welcher er kommt, hat an ihrem Eingange die Form eines gothischen Bogens und geht wohl bis 65 Meter in den Berg hinein. Man hält den Erasinos für den Stymphalos, der unter dem Berge Apelauron in Arkadien verschwindet.

Am 28. Juli Morgens 1 Uhr reiste ich mit dem Dampfboote *Ionia* von Nauplia ab. Um 7 Uhr erreichten wir Hydra, wo wir anhielten, um Passagiere auszuschiffen und andere aufzunehmen. Hydra ist eine Stadt auf der gleichnamigen kleinen Insel, welche nichts ist als ein unfruchtbarer Felsen, auf dem kein Grashalm wächst. Der kleine Hafen, über welchem sich die Häuser der Stadt auf dem steilen Felsen erheben, wird nur durch die Gebirge der acht Kilometer entfernten peloponnesischen Küste geschützt. Der Hebungen und Senkungen wegen sind die Strassen uneben, aber ausserordentlich reinlich. Am Kai sind zahlreiche Magazine, welche den ausgebreiteten Handel der Stadt bezeugen. Alle Häuser haben flache Dächer und so dicke Mauern, dass sie gegen die Erdbeben gesichert zu sein scheinen. Sie machen von aussen und von innen einen wohlthuenden Eindruck, und die Haushaltungen sind in Folge der Gewohnheiten der schönen, anmuthigen, reizenden und arbeitsamen hydriotischen Damen ein wahres Muster von Sauberkeit.

Die Möbel, halb im orientalischen, halb im europäischen Stil, verbinden den Luxus des einen mit der Bequemlichkeit des andern, während ihre Dauerhaftigkeit und Schmucklosigkeit beweist, dass sie für den Comfort, und nicht für den Prunk gemacht sind.

Die Hydrioten stehen im Rufe grosser Ehrlichkeit und Uneigennützigkeit und haben ihre kleine Insel durch den glorreichen Antheil, den sie an der Wiedergeburt Griechenlands genommen haben, berühmt gemacht. Gewiss wird bis zur spätesten Nachwelt mit dem Begriff der Freiheitsliebe der Name der tapfern Hydrioten eng verknüpft sein. Die Helden Conduriotti, Miaulis, Buduri und Tombazi, welche sich in der griechischen Revolution auszeichneten, waren sämmtlich aus Hydra gebürtig.

Im Alterthume war die Insel nicht bewohnt. Erst im vorigen Jahrhundert bauten Fischer und Bauern, welche in Folge der türkischen Unterdrückung das benachbarte Festland verliessen, hier eine kleine Stadt, welche sich durch albanesische, attische und argolische Flüchtlinge bald vergrösserte. Die Bevölkerung, welche im Anfange der griechischen Revolution aus 40,000 Seelen bestand, hat sich jetzt auf nur ungefähr 20,000 reducirt. Auch die Zahl der hydriotischen Schiffe, welche sich damals auf 150 belief, hat sehr abgenommen.

Ich glaube keinen bessern Beweis der Rechtschaffenheit der Hydrioten und ihres gegenseitigen Vertrauens geben zu können, als wenn ich folgenden Charakterzug mittheile. Wenn ein Schiffscapitän der Insel sich zu einer langen Reise rüstet, so geht er in Hydra von Haus zu Haus und lässt sich von den Bewohnern Geldsummen übergeben, um damit für ihre Rechnung zu speculiren. Obwohl er keine Quittung darüber ausstellt, so ist es doch nie vorgekommen, dass er bei seiner Rückkehr die erhaltenen Posten nebst Antheil an dem gemachten Gewinne an die Berechtigten nicht zurückerstattet hätte.

Um 9 Uhr Morgens fuhren wir von Hydra ab und kamen nach zwei Stunden bei der kleinen Insel Poros an, welche im Alterthume Sphäria hiess. Sie ist ein vulkanischer Felsen, der im Süden nur durch einen engen Kanal vom Peloponnes geschieden ist. Auf der Nordseite wird Poros von der Insel Kalauria durch eine Meerenge getrennt, die man auf Maulthieren durchreitet, um die Ruinen des Neptuntempels zu besuchen, in welchem Demosthenes gestorben ist.

Poros ist durch die Conferenzen berühmt geworden, welche die Gesandten von Russland, Frankreich und England im Jahre 1828 daselbst hielten, und nach deren Ergebnissen von den verbündeten Regierungen die Grundlagen des neuen griechischen Königreichs festgestellt wurden.

Die Stadt Poros hat ein eigenthümliches Ansehen. Ihre kleinen weissen Häuser gleichen Seevögeln auf steilen dunkeln Felsen. Die Bevölkerung besteht aus 7000 Albanesen. Sie sehen dumm aus und sind sehr verschlossen; sie haben blonde oder braune Haare und man unterscheidet sie auf den ersten Blick von den lebhaften, intelligenten, schwarzhaarigen Griechen.

Die griechischen Dampfboote sind sehr schlecht und äusserst unbequem; dieser Mangel wurde indess reichlich durch die ausserordentliche Liebenswürdigkeit meiner griechischen Reisegefährten ersetzt, die den höheren Ständen angehörten. Sie waren ausserordentlich gesellig, theilnehmend und zuvorkommend, unterrichtet und intelligent, und – was auf mich den tiefsten und bleibendsten Eindruck machte – sie bezeugten alle den lebhaftesten Enthusiasmus für ihre glorreichen Vorfahren und hohe Bewunderung für ihre göttlichen alten Dichter – Gefühle, die ich vollkommen mit ihnen theile.

Daher kam es, dass trotz aller Mängel der griechischen Dampfboote und trotz ihrer ausserordentlichen Langsamkeit die Reisetouren weit schneller ihr Ende erreichten, als ich selbst es wünschte. Leider habe ich mir die vielen trefflichen und intelligenten Passagiere an Bord des Dampfbootes Ionia nicht alle gemerkt. Ich erinnere mich jetzt nur noch des berühmten Lexicographen und Directors der griechischen Schulen, Sparlatos D. Byzantios aus Athen, des Directors des Gymnasiums in Sparta, Theodoros Bukides, und des Directors des Gymnasiums zu Tripolis im Peloponnes, Angelos Kappotas, an deren Unterhaltung ich ein ganz besonderes Interesse fand.

Um Mittag reisten wir von Poros ab und kamen halb drei Uhr Nachmittags in Aegina an, wo ich ausstieg, um die Gegend näher kennen zu lernen. Aegina ist ohne Widerrede eine der berühmtesten Städte Griechenlands. Schon Homer erwähnt sie *Il.* II, 562; Strabo schreibt folgendes über Aegina: „Wozu soll ich erst sagen, dass die Insel Aegina eine der berühmtesten ist? Man sagt, dass Aeakus und seine Nachkommen dorther stammen. Auch herrschte sie einst auf dem Meere und machte in der Schlacht bei Salamis gegen die Perser den Athenern den ersten Rang streitig.“ (*Strabo* VIII, S. 207 *ed. Tauchnitz.*)

Die Insel wurde durch die Dorier von Epidaurus bevölkert und hatte eine sehr mächtige Flotte. Sie machte sich besonders in der Seeschlacht bei Salamis berühmt, in welcher sich die Aegineten durch ihre Tapferkeit vor allen andern griechischen Volksstämmen auszeichneten. Nachdem sie lange die Nebenbuhlerin Athens gewesen, unterlag sie demselben im Jahre 456 v. Chr. und wurde eine atheniensische Provinz. Aber Perikles, der aus guten Gründen die Rache der Bewohner der Insel fürchtete, welche er die Eiterbeule am Auge des Piräeus nannte, vertrieb im Jahre 431 v. Chr. die ganze Bevölkerung von der Insel und ersetzte sie durch atheniensische Colonisten. Die Spartaner wiesen den Aegineten Wohnsitze in Thyräa an und setzten sie am Ende des peloponnesischen Krieges wieder in den Besitz ihrer Insel; jedoch haben sie niemals ihren frühern Einfluss und Wohlstand wieder erlangen können.

Die Stadt Aegina liegt am Nord-Westende der Insel auf der Baustelle der alten Stadt, welche durch eine freistehende dorische Säule bezeichnet ist. Im Süden dieser Säule sieht man die Spuren eines alten Hafens von ovaler Form, welcher durch zwei alte Dämme geschützt wird, zwischen denen nur ein enger Durchgang ist. Wenig südlicher bemerkt man die Spuren eines andern eirunden Hafens, wohl zweimal so gross als jener. Von hier aus sah ich die Ruinen der alten Stadtmauer auf der dem Meere entgegengesetzten Seite.

Aegina war einst berühmt durch die Pracht und die Menge seiner Denkmäler, aber nichts ist davon übrig geblieben, als die Säule am Ufer, einige fast zerstörte Gräber und Spuren ehemaliger Brunnen.

Die Insel war gewiss schon im fernen Alterthume eine gewerbfleissige, sehr reiche und bedeutende Handelsstadt; denn aller Orten in Griechenland und auf den ionischen Inseln findet man äginetische Silbermünzen in grosser Anzahl. Sie sind aus dem siebenten und achten Jahrhundert v. Chr., also mehrere Jahrhunderte älter, als die ältesten erhaltenen Münzen aus andern Staaten Griechenlands. Sie haben beinahe die Gestalt einer Halbkugel; auf der einen Seite sieht man eine Schildkröte, auf der andern sind drei oder vier Einschnitte, welche die Gestalt von Pfeilspitzen haben. Die mit vier Einschnitten sind die ältesten.

Hier scheint mir der passende Ort zu der Bemerkung zu sein, dass wir nicht den Massstab unserer Lebensverhältnisse anlegen dürfen, wenn wir die alte Welt beurtheilen und uns einen richtigen Begriff von der Lebensweise der alten Griechen und Römer bilden wollen. Aegina stand schon im siebenten und achten Jahrhundert vor unserer Zeitrechnung in hoher Blüthe; aber mit Rücksicht auf den Raum, den die Baustelle seiner alten Stadt einnimmt, welche durch die Ruinen der alten Mauern deutlich bezeichnet wird, kann sie nie mehr als 20,000

Einwohner oder den zweitausendsten Theil der Bevölkerung Frankreichs gehabt haben. Aegina's Handel war bedeutend, und doch kann er nicht den hundertsten Theil der Bedeutung des französischen Handels erreicht haben. Ausserdem war Geld im siebenten und achten Jahrhundert v. Chr. sehr selten, denn man fing damals erst an, Münzen zu prägen. Sicherlich hat man diese Silbermünzen zu allen Zeiten überall, wo man sie fand, sorgfältig aufgehoben und dennoch findet man noch heute, nach 2600 Jahren, deren in grosser Menge.

Nehmen wir an, Frankreich würde jetzt von seinen Bewohnern verlassen. Ich bin fest überzeugt, man würde im ganzen Lande, 26 Jahrhunderte nach diesem Ereignisse auch nicht einen Kupfersou, geschweige denn eine Silber- oder Goldmünze finden, trotz der Milliarden Franken, welche hier seit Jahrhunderten circulirt haben.

Die Masse der Kupfermünzen nicht nur, sondern selbst der Silber- und Goldmünzen, welche täglich von den Bauern in der römischen Campagna gefunden werden, grenzt wirklich ans Fabelhafte. In Asien kann man die Märsche und Lagerplätze der Armeen Alexanders des Grossen und der Römer an den zahlreichen Münzen nachweisen, welche sie auf ihrem Zuge hinterlassen haben. Und doch wissen wir aus den Schriftstellern des Alterthums, dass der Gott Mammon schon damals ebenso eifrige Anbeter gehabt hat wie heutigen Tages. Man denke nur an die Worte Virgils (*Aeneide* III, 56):

> ... Quid non mortalia pectora cogis
> Auri sacra fames?

„Wozu treibst du nicht die menschlichen Herzen, verwünschter Hunger nach Gold?"

In Rom habe ich die Behauptung gehört, die Verschleuderung der Münzen rühre von der Spielwuth der Alten her. Aber diese Erklärung ist durchaus ungenügend; denn Jeder spielte, um zu gewinnen, und wer gewann, steckte natürlich das Geld ein und hat es sicherlich nicht auf der Erde liegen lassen.

Ich gestehe gern, dass ich mir diese Thatsache nicht erklären kann.

Im Innern der Insel Aegina, 14 Kilometer von der Stadt, sieht man noch die Ruinen vom Tempel des Jupiter Panhellenios, von welchem 22 Säulen und der grösste Theil des Architravs erhalten sind. Dieses Gebäude ist aus porösen, mit Gyps überzogenen Steinen erbaut. Auf dem Karniess und dem Architrav sieht man noch Spuren von Malerei. Auch Reste von röthlichem Gyps, mit welchem das Pflaster überzogen war, haben sich erhalten.

Nach Strabo's Beschreibung war die Insel steinig und wenig fruchtbar; aber seit seiner Zeit hat die Industrie der Einwohner und die Anhäufung des atmosphärischen Staubes den Boden sehr productiv gemacht.

Die Insel hat ein herrliches Klima; die Winter sind sehr milde, und in Folge des beständigen, erfrischenden Seewindes hat man im Sommer nie über zu grosse Hitze zu klagen.

Am Morgen des folgenden Tages miethete ich für 11 Franken eine Barke und liess mich nach dem Piräeus fahren, woselbst ich um 10 Uhr Morgens ankam. Eine Stunde später war ich in Athen.

Ich unterlasse es, hier näher auf die Alterthümer der Hauptstadt Griechenlands einzugehen, die schon öfter von bedeutenden Gelehrten, welche die Erforschung derselben zum Gegenstand ihrer Studien gemacht hatten, mit kundiger Feder beschrieben worden sind. Nur das Eine will ich noch erwähnen, dass ich das Glück hatte, in Athen den ausgezeichneten Gelehrten Herrn Theokletos Vimpos, meinen Freund und ehemaligen Lehrer, jetzt Professor an der Universität zu Athen und Erzbischof von Mantinea und Kynuria, anzutreffen und in seinem belehrenden Umgange acht angenehme Tage zu verleben.

Vierzehntes Kapitel

Abreise von Athen. – Der Bankier Andreas Pedreño aus Karthagena. – Ankunft in Constantinopel und Rückkehr nach den Dardanellen. – Abreise nach Bunarbaschi – Unzählige Storchnester. – Abscheuliche Unreinlichheit bei meinem Wirthe, einem Albanesen. – Abermals Rosinante ohne Sattel und Zaum. – Die Ebene von Troja. – Dreissig oder vierzig Quellen anstatt zweier. – Bunarbaschi-Su. – Alter Kanal. – Sümpfe. – Der Skamander.

Am 6. August 1 Uhr Morgens fuhr ich mit dem Nil, einem Dampfboote der Messageries impériales, vom Piräeus nach den Dardanellen ab. Unglücklicher Weise kamen wir dort am folgenden Tage 10 Uhr Abends an, und da man nach türkischem Gesetz nach Sonnenuntergang nicht ans Land steigen darf, so musste ich meine Reise auf demselben Dampfboote bis Constantinopel fortsetzen. Die Langweiligkeit dieser Reise, welche viel länger dauerte, als ich erwartet hatte, wurde durch das Vergnügen aufgewogen, den berühmten Bankier Andreas Pedreño aus Karthagena in Spanien zum Reisegefährten zu haben. Ich werde mich immer mit wahrer Freude der Stunden erinnern, welche ich in seiner angenehmen und belehrenden Gesellschaft verlebt habe.

Am 8. August 10 Uhr Morgens kamen wir in Constantinopel an. Ich liess mein Gepäck im Hôtel d'Angleterre, und reiste noch denselben Tag mit dem Dampfboote *Simoïs* nach den Dardanellen zurück, wo ich am folgenden Tage 7 Uhr Morgens ankam. Sofort wandte ich mich an den russischen Consul, Hrn. Fonton, dem ich meinen Wunsch kundgab, die Ebene von Troja besuchen zu wollen. Er unterstützte mich durch seine vortrefflichen Rathschläge und miethete für mich einen Führer und zwei Pferde für 90 Piaster (20 Fr.). Ohne längeren Aufenthalt machten wir uns nach Bunarbaschi auf den Weg, wo wir 6 Uhr Abends ankamen.

Mit wenigen Ausnahmen ist das ganze Land, welches wir durchreisten, unbebaut und mit Fichten und Eichen bedeckt. Die letzteren gehören zu der Gattung *Quercus Aegilops* und liefern die Knoppern, welche in den europäischen Gärbereien verwendet werden und sozusagen der einzige Ausfuhrartikel dieses Landes sind.

Der Weg ist ziemlich gut. Von Zeit zu Zeit finden sich Quellen mit gutem Trinkwasser.

Bunarbaschi, von dem man annimmt, dass es auf der Stätte des alten Troja liegt, ist ein schmutziges und elendes Dorf mit 23 Häusern, von denen 15 von Türken und 8 von Albanesen bewohnt sind. Auf jedem der fast flachen Dächer der Häuser befinden sich Storchnester in grosser Menge; ich habe auf einigen bis an zwölf gezählt. Diese Vögel sind hier von grossem Nutzen, weil sie die Schlangen und Frösche vertilgen, von denen die benachbarten Sümpfe wimmeln.

Nachdem mich mein Führer in das Haus eines Albanesen, der etwas Griechisch sprach, gebracht hatte, bezahlte und entliess ich ihn. Aber sofort beim Eintritt in das Haus sah ich ein, dass ich hier unmöglich wohnen konnte, denn die Wände, die hölzerne Bank, auf der ich schlafen sollte, Alles wimmelte von Wanzen und überall sah ich die abscheulichste Unsauberkeit. Als ich eingetreten war, bat ich um Milch. Man brachte sie mir in einer Schale, die, wie es schien, in zehn Jahren nicht ausgespült worden war. Lieber wäre ich vor Durst umgekommen, als dass ich sie angerührt hätte.

Ich sah mich also gezwungen, die Nächte auf freiem Felde zuzubringen und traf mit dem Albanesen das Uebereinkommen, dass er für 5 Franken täglich mir meinen Reisesack aufbewahren und jeden Morgen ein Gerstenbrod liefern sollte. Auf diese Weise brauchte ich doch nicht zu sehen, welche Hände und wie sie es bereiteten.

Meine nächste Sorge war nun, mir für den folgenden Tag ein Pferd und einen Führer zu suchen, der etwas Griechisch spräche. Mit grosser Mühe fand ich einen, welcher täglich 45 Piaster oder 10 Franken verlangte. Vergeblich aber suchte ich nach einem Zaum und Sattel; man schien dergleichen nicht einmal dem Namen nach zu kennen, und ich musste mich daher abermals mit einem um den Hals des Pferdes gebundenen Strick und einem erbärmlichen, schmutzigen Σαγμάριον begnügen.

Ich gestehe, dass ich meine Rührung kaum bewältigen konnte, als ich die ungeheure Ebene von Troja vor mir sah, deren Bild mir schon in den Träumen meiner ersten Kindheit vorgeschwebt hatte. Nur schien sie mir beim ersten Blicke zu lang zu sein und Troja viel zu entfernt vom Meere zu liegen, wenn Bunarbaschi wirklich innerhalb des Bezirks der alten Stadt erbaut ist, wie fast alle Archäologen, welche den Ort besucht haben, behaupten. Als ich aber den Boden näher betrachtete und nirgends die geringsten Trümmer von Ziegeln oder Töpferwaaren entdeckte, so gelangte ich zu der Ansicht, dass man sich über die Lage Troja's getäuscht habe, und meine Zweifel mehrten sich, als ich in Gesellschaft meines Wirths, des Albanesen, die *Quellen* am Fusse des Hügels, auf welchem Bunarbaschi liegt, besuchte. Man hat diese Quellen immer für die *beiden Quellen* gehalten, von denen Homer (*Il.* XXII, 147–156) spricht:

Κρουνὼ δ' ἵκανον καλλιῤῥόω, ἔνθα δὲ πηγαὶ
Δοιαὶ ἀναΐσσουσι Σκαμάνδρου δινήεντος.
Ἡ μὲν γάρ θ' ὕδατι λιαρῷ ῥέει, ἀμφὶ δὲ καπνὸς
Γίγνεται ἐξ αὐτῆς, ὡσεὶ πυρὸς αἰθομένοιο ·
Ἡ δ' ἑτέρη θέρει προρέει εἰκυῖα χαλάζῃ,
Ἢ χιόνι ψυχρῇ, ἢ ἐξ ὕδατος κρυστάλλῳ.
Ἔνθα δ' ἐπ' αὐτάων πλυνοὶ εὐρέες ἐγγὺς ἔασιν
Καλοὶ, λαΐνεοι, ὅθι εἵματα σιγαλόεντα
Πλύνεσκον Τρώων ἄλοχοι, καλαί τε θύγτρες,
Τὸ πρὶν ἐπ' εἰρήνης, πρὶν ἐλθεῖν υἷας Ἀχαιῶν.

„Sie kamen an die beiden Brunnen, aus denen die beiden Quellen des wirbelreichen Skamandros hervorsprudeln. Aus der einen fliesst lauwarmes Wasser, und Rauch steigt empor wie von brennendem Feuer; die andere fliesst im Sommer ähnlich dem Hagel, oder dem kalten Schnee, oder dem gefrornen Wasser. Dort in der Nähe sind breite und schöne Becken von Stein, wo die Frauen der Trojaner und ihre schönen Töchter die prächtigen Kleider wuschen, einstmals zur Zeit des Friedens, ehe die Söhne der Achäer kamen.“

Aber Homers Beschreibung passt nicht auf die von mir besuchten Quellen; denn wenn man den Hügel von Bunarbaschi hinabsteigt, trifft man zuerst, auf dem Raume eines Quadratmeters, *drei Quellen;* die eine quillt aus der Erde heraus, die beiden andern entspringen am Fusse eines Felsens. Einige Meter weiter fand ich zwei andere Quellen, und auf einem Raume von 500 Metern zählte ich im Ganzen 34. Mein Begleiter, der Albanese, behauptete, es wären 40 Quellen, und ich hätte mich um sechs verrechnet. Zur Unterstützung seiner Behauptung führte er an, dass dieser Ort *Kirk Giös* genannt werde, d. h. *die vierzig Augen.* Ich untersuchte jede der vierunddreissig Quellen mit meinem Taschenthermometer und fand überall eine Temperatur von 17½ Grad.

Während der Sommerhitze kommt einem das Wasser bei 17½ Grad sehr kühl vor, während es zur Zeit des Winters bei derselben Temperatur fast lauwarm erscheint.

Da alle diese Quellen, ausser einer, nebeneinander am Fusse zweier Felsen entspringen, so kann zwischen ihrer Temperatur niemals ein merklicher Unterschied gewesen sein. Auch würde Homer, wenn er diese Quellen hätte bezeichnen wollen, nicht bloss von *zweien* gesprochen haben, wenn es auf einem ganz kleinen Raume 34 oder 40 gab.

Alle diese Quellen bilden den Bach Bunarbaschi-Su, der mehrere Mühlen treibt, zu welchem Zwecke man Schleusen angebracht hat. Seine Ufer sind anfangs so niedrig, dass er selbst im Sommer die benachbarte Ebene überschwemmt und sie im Osten und Norden der Quellen in einen tiefen Sumpf verwandelt.

Dieser Bach ist 1 bis 3 Meter tief und 3 bis 4 Meter breit. Er fliesst nach Norden, parallel dem westlich von ihm befindlichen Mendere (*Skamander*) und der Hügelkette im Osten, in einer Ausdehnung von 7 Kilometern, und wird alsdann durch einen künstlichen Kanal fortgeführt, der im Nordosten der Anhöhe da beginnt, wo der Grabhügel *Udjek-Tepe* liegt, und in der Nähe des Hügels *Beschika-Tepe* ins ägeische Meer mündet.

Der Bau dieses Kanals, welcher auf eine grosse Strecke weit in den Felsen gehauen ist, reicht offenbar in ein fernes Alterthum zurück und erinnert in seiner kühnen und gigantischen Ausführung an die Mauern von Mykenä und Tiryns. Sein Hauptnutzen besteht darin, dass er einen grossen Theil der östlichen Ebene vor beständigen Ueberschwemmungen schützt.

Es unterliegt keinem Zweifel, dass vor dem Bau dieses Kanals der Bunarbaschi-Su sich in den Skamander, nahe der Mündung dieses Flusses, ergoss, weil sein altes Bett noch deutlich zu sehen ist, und noch jetzt lässt er jeden Winter einen grossen Theil seiner Gewässer durch dieses alte Bett abfliessen. Da aber die Ufer dieses Bettes sehr niedrig sind, so treten die Gewässer über und füllen einen ungeheuren Sumpf bei *Yeni-Kevi* und im Norden des künstlichen Kanals an. Ich fand diesen Sumpf fast ausgetrocknet.

An dieser Stelle will ich noch zwei andere grosse, nie trockene Sümpfe anführen, welche von dem *Bunarbaschi-Su* gebildet werden. Der eine befindet sich unmittelbar vor dem Ausfluss des letzteren in den künstlichen Kanal, während der andere, welcher zugleich von diesem Kanal gespeist wird, dicht bei seiner Mündung auf der Westseite liegt.

Die Archäologen, welche nur von *zwei* Quellen sprechen und über die 32 oder 38 andern schweigen, sehen in dem Quellenbach den Skamander, und in dem grossen Flusse Mendere, welcher die trojanische Ebene durchströmt, den Simoïs. Dies ist jedoch ein grosser Irrthum; denn der kleine Bach entspricht in keiner Weise der speciellen Beschreibung, welche uns Homer über den Skamander als Hauptfluss der Gegend giebt.

Er wird in der Iliade hoch gefeiert: der Dichter nennt ihn „ ἐΰῤῥοος“ *schön fliessend,* “δινήεις“ *wirbelnd* (*Il.* XXI, 1–2); er hatte seinen eigenen Priester, der vom Volke wie ein Gott verehrt wurde (V, 77); er wird „μέγας ποταμὸς βαθυδίνης“ *der grosse wirbelnde Fluss* genannt (XX, 73). Ferner heisst es (XXI, 25–26):

> Ὣς Τρῶες ποταμοῖο κατὰ δεινοῖο ῥέεθρα
> Πτῶσσον ὑπὸ κρημνούς.

„So verbergen sich die Troer in den Fluthen unter den steilen Ufern des gewaltigen Stromes."

Andere Epitheta sind „βαθύῤῥοος, ἀργυροδίνης" *tiefströmend, silberfluthig* (XXI, 8). Die Götter nennen ihn *Xanthos.* Er nimmt Theil an der Götterversammlung im Olymp (XX, 40), und begiebt sich in Gesellschaft der andern Götter auf das Schlachtfeld bei Troja (XX, 73); er ist der Sohn des Zeus (XXI, 2); seine Ufer sind steil und hoch (XXI, 171, 175, 200); er heisst sogar „ἠϊόεις" *von bergigen Ufern umgeben,* ein Wort, das sonst nur vom Meere gebraucht wird (V, 36); man opferte ihm lebende Ziegen und Stiere (XXI, 131); er verursachte grosse Ueberschwemmungen (XXI, 234–242); seine Ufer waren mit Ulmen, Pappeln und Tamarisken bedeckt (XXI, 350–351). Die grosse Bedeutung dieses Flusses und die hohe Verehrung, welche die Trojaner ihm bezeigten, kennt man namentlich auch daraus, dass Hector, die kräftigste Stütze Ilion's, sich mit dem Skamander vergleicht und seinem Sohne Ἀστυάναξ den Namen „Σκαμάνδριος", Skamander-Sohn giebt (VI, 402–403).

Den Simoïs erwähnt Homer dagegen nur sieben Mal, und zwar ohne ihm ein besonderes Beiwort beizulegen, Wandich IV, 475; V, 774, 777; VI, 4; XII, 22; XX, 53; XXI, 307.

Aus alle dem ergiebt sich, dass Homers Skamander der grosse Fluss ist, welcher die Ebene von Troja durchströmt.

Fünfzehntes Kapitel

Inschrift in unbekannten Schriftzügen, welche lesbar werden, wenn man den Stein umkehrt. – Forschungen an der angeblichen Stelle Troja's. – Lauf des Skamander. – Der Kimar-Su. – Der Dumbrek-Su oder Simoïs. – Keine Spur von Troja auf den Anhöhen von Bunarbaschi. – Ballidagh. – Ruinen einer kleinen Citadelle. – Alter Steinbruch.

In mehreren Werken über die trojanische Ebene wird eine Inschrift von fünf unbekannten Schriftzeichen erwähnt, die sich auf dem Hügel von Dede, zwischen dem Skamander und Bunarbaschi, befindet. Man scheint derselben eine besondere Bedeutung beizulegen, da sie sich sogar auf der Spratt'schen Karte von Troja als Vignette befindet. Mein Verlangen, das Original zu sehen, erregte mir den Wunsch, sie noch an demselben Abend aufzusuchen; aber bei meiner Rückkehr von den Quellen war es Nacht und ich musste mein Vorhaben auf den folgenden Tag verschieben.

Am Abend schlug ich mein Nachtlager auf einem kleinen Hügel jenseits Bunarbaschi auf. Bei Tagesanbruch eilte ich zu meinem Wirth, dem Albanesen, um mich von ihm nach dem Orte der Inschrift begleiten zu lassen. – Lass mich noch eine Stunde schlafen, antwortete er mir mit heiserer Stimme. – Aber meine Ungeduld wollte sich nicht beschwichtigen lassen. Ich gebe Dir zwei Franken, wenn Du mir die Inschrift sogleich zeigst, sagte ich zu ihm. Diese Worte wirkten wie ein Zauber. Sofort war er reisefertig, und nach einer Viertelstunde langten wir am Hügel von Dede, auf dem linken Ufer des Skamander an. In der Einschliessungsmauer eines Denkmals, das dem Anscheine nach sicherlich nicht alt ist, zeigte mir mein Wirth einen Stein von 67 Centimeter Länge und 50 Centimeter Breite mit folgender Inschrift:

Ich betrachtete den Stein einige Minuten lang mit Aufmerksamkeit und erkannte bald, dass er verkehrt eingemauert sei und die Inschrift lesbar werden würde, wenn man sie umkehrte. Ich schrieb sie nun sorgfältig ab, kehrte das Blatt herum und es ergab sich folgende Gestalt:

So angesehen ist nur der erste Buchstabe der rechten Seite unbekannt. Von der Rechten zur Linken gelesen ergiebt sich, dass die drei folgenden Schriftzeichen die türkischen, arabischen und persischen Zahlen 255 sind. Das letzte Zeichen ist die Verbindung der beiden Buchstaben ک und ه, die türkisch-persische Conjunction که, unser *dass*. So ist nur noch das Zeichen  übrig. Ich vermuthe, dass es ein Versehen des Steinmetzen ist und die Zahl ٧ (*sieben*) bezeichnen soll.

Ist meine Deutung richtig, so ist die Inschrift folgendermassen zu lesen: „2557 dass“. Unerklärt bleibt dabei, warum die erste 5 von einem Viereck eingeschlossen ist.

Ohne Zweifel hat dieser Stein einem alten türkischen Gebäude oder Denkmale mit einer längeren Inschrift angehört; die übrigen Steine, welche die Fortsetzung der Inschrift enthielten, sind verloren gegangen.

Ich begreife nicht, wie die Zeichen dieser Inschrift jemals die Gelehrten haben in Verlegenheit setzen können, und dass Niemand auf den Gedanken gekommen ist, der Stein könne verkehrt eingemauert sein.

Wir kehrten nach Bunarbaschi zurück. Mein Wirth gab mir das ausbedungene Brod, und da mein Führer mit dem Pferde zur Hand war, machte ich mich sogleich auf, um in ihrer ganzen Ausdehnung die Gegend zu durchforschen, welche man mit Unrecht für die Stelle des alten Troja hält. Ich glaubte meinen Zweck nicht besser erreichen zu können, als wenn ich denselben Weg einschlüge, auf welchem Achilleus und Hektor nach Homers Angabe dreimal um die Stadt gelaufen sind (*Il.* XXII, 143–148 und 157–166).

Wenn die Quellen am Fusse des Hügels von Bunarbaschi wirklich diejenigen wären, von welchen Homer spricht (XXII, 147–155), was ich indess nicht zugeben kann, so wäre es sehr leicht, den Umfang Troja's und den Weg, den beide Helden nahmen, zu finden.

Homers Angaben sind folgende:

Apollo hatte die Gestalt des Agenor angenommen und den Achilleus an das Ufer des Skamander gelockt (XXI, 600 – 605), zwei Kilometer von den beiden Quellen. Hektor blieb vor dem skäischen Thore (XXII, 5–6):

> Ἕκτορα δ' αὐτοῦ μεῖναι ὀλοὴ Μοῖρ' ἐπέδησεν,
> Ἰλίου προπάροιθε, πυλάων τε Σκαιάων.

„Die todbringende Parze fesselt den Hektor und hält ihn vor Ilion und dem skäischen Thore fest."

Achilleus geht vom Skamander nach der Stadt (XXII, 21–24):

> Ὣς εἰπών, προτὶ ἄστυ μέγα φρονέων ἐβεβήκει,
> Σευάμενος ὥσθ' ἵππος ἀεθλοφόρος σὺν ὄχεσφιν,
> Ὅς ῥά τε ῥεῖα θέῃσι τιταινόμενοσ πεδίοιο.
> Ὣς Ἀχιλεὺς λαιψηρὰ πόδας καὶ γούνατ' ἐνώμα.

„Sprach's und eilte zur Stadt hin, voll edlen Stolzes, mit der Schnelligkeit eines Renners, der den Wagen in den Kampfspielen zieht und leicht den Schritt in der Ebene verlängert; so bewegte Achilleus schnell die Füsse und Kniee."

Vor dem skäischen Thore trifft er Hektor, der von Furcht ergriffen flieht (XXII, 136–137):

Ἕκτορα δ' ὥς ἐνόησεν, ἕλε τρόμος· οὐδ ἄρ' ἔτ' ἔτλη
Αὖθι μένειν, ὀπίσω δὲ πύλας λίπε, βῆ δὲ φοβηθείς.

„Als Hektor ihn sah, wurde er von Furcht ergriffen; er wagte es nicht länger stehen zu bleiben; er liess das Thor hinter sich und entfloh."

Hektor flieht von Achilleus verfolgt; sie kommen an der Warte und dem Feigenhügel vorbei, und indem sie immer auf dem Fahrwege längs der Mauer laufen, erreichen sie die beiden Quellen (XXII, 145–148):

Οἱ δὲ παρὰ σκοπιὴν καὶ ἐρινεὸν ἠνεμόεντα
Τείχεος αἰὲν ὑπὲκ κατ' ἀμαξιτὸν ἐσσεύοντο ·
Κρουνὼ δ' ἵκανον καλλιῤῥόω, ἔνθα δὲ πηγαὶ
Δοιαὶ ἀναΐσσουσι Σκαμάνδρου δινήεντος.

„Sie kamen bei ihrem Laufe auf der Fahrstrasse an der Warte und dem wehenden Feigenhügel vorbei, und erreichten die beiden klaren Brunnen, aus welchen die beiden Quellen des wirbelreichen Skamander hervorsprudeln."

An diesen beiden Quellen eilten sie vorüber (XXII, 157):

Τῇ ῥα παραδραμέτην, φεύγων, ὁ δ' ὄπισθε διώκων.

„Sie eilten an ihnen vorüber, der eine fliehend, der andere verfolgend."

So laufen sie dreimal um die Stadt Troja (155–156):

Ὣς τὼ τρὶς Πριάμοιο πόλιν περὶ δινηθήτην
Καρπαλίμοισι πόδεσσι · θεοὶ δέ τε πάντες ὁρῶντο.

„So laufen sie mit ihren schnellen Füssen dreimal um die Stadt des Priamus; alle Götter schauen zu."

Mehrere Erklärer Homers nehmen die Präposition „περί“ *(um)* an dieser Stelle in der Bedeutung von „παρά“ *(bei)*, und sprechen die Ansicht aus, der Lauf der beiden Helden habe dreimal längs der Mauer von Troja, zwischen den beiden Quellen und dem Skamander, stattgefunden. Diese Erklärung ist jedoch hier ganz unzulässig, denn Homer sagt ausdrücklich, dass sie über die beiden Quellen hinaus gelaufen sind.

Auch Strabo hat die angeführten Verse in demselben Sinne aufgefasst. Wo er von *Neu-Ilium* spricht (XIII, 1 S. 9 der Tauchnitzer Ausgabe), finden sich folgende Worte: „Οὐδ’ ἡ τοῦ Ἕκτορος δὲ περιδρομὴ ἡ περὶ τὴν πόλιν ἔχει τι εὔλογον, οὐ γάρ ἐστι περίδρομος ἡ νῦν, διὰ τὴν συνεχῆ ῥάχιν ἡ δὲ παλαιὰ ἔχει περιδρομήν.“ „Der Lauf Hektors um die Stadt Neu-Ilium ist durchaus nicht wahrscheinlich, weil man wegen des fortlaufenden Höhenzuges nicht um die Stadt laufen kann, während man um die alte Stadt allerdings herum laufen konnte.“

Zuerst begab ich mich an den Skamander, als den Hauptfluss, von wo ich, längs des Bunarbaschi-Hügels, in gerader Richtung bis zu den Quellen ging, indem ich immer in westlicher Richtung denselben Weg verfolgte, den Achilleus notwendiger Weise durchlaufen musste, um Hektor vor dem skäischen Thore zu treffen. An den Quellen angekommen, wandte ich mich nach Südosten, indem ich einer Erdspalte folgte, die sich zwischen Bunarbaschi und dem anstossenden Felsen hinzieht. Wenn nämlich Troja überhaupt auf diesen Höhen gestanden hat, so scheint die Lage seiner Mauern durch die Localität genau bestimmt zu sein.

Nach einem einstündigen sehr beschwerlichen Marsche kam ich auf der Südwestseite des Hügels, auf welchem man Pergamus wiedergefunden zu haben glaubt, an einen jähen Abhang von ungefähr 150 Meter Höhe, welchen die beiden Helden hinabsteigen mussten, um zum Skamander zu gelangen und die Runde um die Stadt zu machen. Ich liess meinen Führer und das Pferd auf der Höhe und stieg den Abgrund hinunter, welcher anfangs unter einem Winkel von ungefähr 45° und weiterhin 65° abfällt, sodass ich gezwungen war, auf allen Vieren rückwärts zu kriechen. Ich gebrauchte fast eine Viertelstunde, um hinunterzukommen, und habe dadurch die Ueberzeugung gewonnen, dass kein sterbliches Wesen, nicht einmal eine Ziege, in eilendem Laufe einen Abhang hat hinunterkommen können, der unter einem Winkel von 65° abfällt, und dass Homer, der in seiner Ortsbestimmung so genau ist, gar nicht daran gedacht hat, dass Hektor und Achilleus bei ihrem Rundlaufe um die Stadt dreimal diesen Abhang hinuntergelaufen seien, was absolut unmöglich ist.

Ich ging nun am Ufer des Skamander, des jetzigen Mendere, weiter, indem ich immer demselben Wege folgte, welchen die Helden dreimal hätten durchlaufen müssen.

Die Höhen von Bunarbaschi, auf welche man das alte Troja verlegt, fallen fast senkrecht in den Fluss ab, und das linke Ufer hat eine so geringe Breite, dass der Raum durch den schmalen Fusssteig oft ganz angefüllt ist. Die Breite des Flussbettes beträgt je nach den örtlichen Verhältnissen 70 bis 100 Meter. Der Fluss hat im August eine nur schwache Strömung von 10 bis 16 Meter Breite und 30 bis 80 Centimeter Tiefe; aber seine steilen Ufer von 3 bis 4 Meter Höhe und die zahlreichen entwurzelten Bäume, welche an den Krümmungen der Ufer und an kleinen im Flussbette befindlichen Inseln das Wasser stauen, bezeugen den grossen Ungestüm seines Laufes im Winter und Frühling und die häufigen Ueberschwemmungen.

Der Skamander kommt vom Ida herab, wie Homer richtig bemerkt (*Il.* XII, 19–22); sein sehr gewundener Lauf würde in gerader Linie 64 Kilometer lang sein.

Er fliesst zuerst durch eine landeinwärts liegende grosse Ebene, dann durchbricht er in einem engen Thale die niedrigeren Höhen des Ida-Gebirges und durchströmt die Ebene von Troja; sein Wasser setzt nie aus in Folge der zahlreichen Bäche und Quellen, welche sich in ihn ergiessen.

Früher floss der Skamander mehr östlich in der Ebene und vereinigte sich mit dem Simoïs, der jetzt Dumbrek-Su genannt wird, 1700 Meter nordwestlich von Hissarlik (*Neu-Ilium*). Das alte Bett und die ehemalige Verbindung mit dem andern Flusse ist noch deutlich zu sehen. Während des Winters fliesst durch das alte Bett das überschüssige Wasser ab.

Bei seinem Eintritt in die Ebene von Troja nimmt der Skamander den *Kimar-Su* auf. Kimar ist eine Verdrehung des griechischen Wortes „ Καμάρα“ (*Gewölbe*). Er hat diesen Namen von einer grossen, 18 Meter breiten, auf Bogen ruhenden Wasserleitung, welche 10 Kilometer oberhalb seiner Vereinigung mit dem Skamander in einer Höhe von 30 Meter über ihn hinwegführt.

Zu meinem Erstaunen ersehe ich aus einem Werke über die Ebene von Troja, welches im vorigen Jahre in Paris erschienen ist, dass der Verfasser desselben, Nicolaïdes, diesen Fluss für den Simoïs hält. Ich hoffe klare Beweise dafür liefern zu können, dass der Simoïs kein andrer Fluss als der Dumbrek-Su sein kann, den ich auf mehreren Karten unter dem Namen Thymbrius verzeichnet finde. Er entspringt in den östlichen Hügeln, in der Nähe des Dorfes Rinkoï, durchfliesst die Ebene und nimmt bei Hissarlik (*Neu-Ilium*) plötzlich eine andere Richtung nach dem Vorgebirge Rhöteum, wo er sich ins Meer ergiesst. Von dem Puncte an, wo er sich nach Norden wendet, wird er In-Tepe-Asmak genannt. Den Namen Dumbrek-Su hat er von dem Dorfe Dumbrek, welches an seinem Ufer am Ende des schönen Thaies liegt, das sich von Westen nach Osten zwischen zwei Gebirgsketten ausdehnt, von denen die eine im Norden *In-Tepe*, die andere im Süden *Chiblak* genannt wird.

Der Skamander ist der einzige Abfluss für die von den Ida-Bergen herabkommenden Gewässer während der Regenzeit, und steigt sogleich beim Eintritt derselben. Da der anhaltende Regen schnell die unterirdischen Kanäle der Berge und die Quellen anfüllt, so schwillt der Fluss rasch an, überschwemmt die grosse Ebene zwischen den Bergen und stürzt sich mit solchem Ungestüm in das enge Thal zwischen Ene und Bunarbaschi, dass er vom Monat August an bis zu einer Höhe von 9 bis 12 Meter über sein Niveau steigt. Man sieht das deutlich an den Gräsern, welche an den Ufern und Bäumen hängen bleiben.

Die gelbliche Farbe seines Sandes wird wohl die Veranlassung gewesen sein, dass die Götter ihm den Namen *Xanthos* gaben (*Il.* XX, 40).

Ueberall wo es die natürliche Beschaffenheit des Bodens zulässt, sind seine Ufer in derselben Weise mit üppiger Vegetation von Weiden, Tamarisken, Lotos, Binsen und Cypergras bedeckt, wie zur Zeit des trojanischen Krieges (*Il.* XXI, 350–352):

> Καίοντο πτελέαι τε καὶ ἰτέαι ἠδὲ μυρῖκαι,
> Καίετο δὲ λωτός τ' ἠδὲ θρύον ἠδὲ κύπειρον,
> Τὰ περὶ καλὰ ῥέεθρα ἅλις ποταμοῖο πεφύκει.

„Da brannten die Ulmen, die Weiden, die Tamarisken, der Lotos, die Binsen, das Cypergras, welche reichlich an den Ufern des Flusses wuchsen.“

Man hält das Wasser des Skamander für der Gesundheit sehr zuträglich; deshalb ziehen es die Einwohner dem Brunnenwasser vor und kommen weit her, um es zu schöpfen.

Nach einem dreiviertelstündigen Marsche längs des Flusses kam ich wieder an die Stelle, von wo ich ausgegangen war und von wo nothwendiger Weise Achilleus ausgehen musste, wenn er geradeaus längs der Mauern von Troja nach dem skäischen Thore hin lief. Ich hatte im Ganzen zwei Stunden gebraucht, um den Platz im Kreise zu umgehen, den man dem alten Troja anweist.

Nun nahm ich meine Richtung wiederum nach Ballidagh hin (so wird der südöstliche Theil der Höhen von Bunarbaschi genannt), indem ich die Troja angewiesene Stelle von Norden nach Süden durchwanderte. Obwohl ich aufmerksam nach allen Seiten blickte, ob sich nicht ein behauener Stein, eine Scherbe oder irgend ein Anzeichen finde, das auf eine frühere Stadt hinweise, war doch alle meine Mühe umsonst – nicht die geringste Spur menschlicher Thätigkeit.

Mykenä und Tiryns sind bereits vor 2335 Jahren zerstört worden, und dennoch sind die vorhandenen Ruinen dieser Städte von solcher Beschaffenheit, dass sie wohl noch 10 000 Jahre dauern können und dann immer noch die allgemeine Bewunderung erregen werden. Man braucht an der Stelle von Mykenä und Tiryns gar nicht eigentlich zu graben, sondern nur die Oberfläche des Bodens zu untersuchen, so findet man Unmassen von Scherben, und nach Verlauf von 10 000 Jahren wird man ebensolche Scherben finden, weil dieselben in der Erde keine andere Gestalt annehmen.

Troja ist nur 722 Jahre früher als diese Städte zerstört worden; wenn es daher wirklich auf der Stelle, welche man ihm auf den Höhen von Bunarbaschi anweist, existirt hätte, so würde man dort gewiss noch heute in gleicher Weise Ruinen finden, wie in Mykenä und Tiryns; denn die cyklopischen Bauwerke verschwinden nicht spurlos, und Trümmer von Ziegeln und Töpferwaaren findet man überall, wo menschliche Wohnungen gestanden haben.

Wenn man selbst den unmöglichen Fall annimmt, dass die Trojaner weder Töpferwaaren noch Ziegel gehabt haben, dass sie hölzerne Häuser bewohnten und dass die Steine ihrer Mauern in Staub zerfallen sind, so würde man doch wenigstens Spuren der Strassen auf den Felsen finden, welche den grössten Theil des Terrains von Bunarbaschi bedecken, das man für Troja ausgiebt. Aber das wilde Aussehen dieser Felsen, ihre ausserordentlichen Unebenheiten und der gänzliche Mangel einer geebneten Oberfläche geben den deutlichen Beweis, dass sie niemals eine menschliche Wohnung getragen haben.

Da indess die Ansicht von der Lage Troja's auf den Höhen von Bunarbaschi neue und immer wieder neue Vertheidiger findet, welche blind daran wie an ein Dogma glauben und mit voller Zuversicht davon sprechen, so hielt ich es im Interesse der Wissenschaft für meine Pflicht, an einigen Stellen Ausgrabungen zu veranstalten. Indess der Tag war schon zu weit vorgerückt; es war bereits zwei Uhr Nachmittags, als ich meinen Führer wieder erreichte; ich verschob daher die Ausgrabungen auf den folgenden Tag und wandte die übrige Zeit des Tages dazu an, das Plateau von Ballidagh, 3 Kilometer südöstlich von Bunarbaschi, zu erforschen.

Dieses Plateau endigt in einer Anhöhe von zehn Metern, welche sich 157 Meter über dem Meeresspiegel befindet und ein anderes kleines, wenig unebenes Plateau von 190 Meter Länge bildet, dessen grösste Breite von Norden nach Süden kaum 100 Meter beträgt.

Der Consul Hahn hat mit dem Architecten Ziller im Jahre 1865 auf dieser Anhöhe Ausgrabungen veranstaltet, und fast den ganzen Umfang einer kleinen Citadelle zu Tage gefördert, deren Mauern das Gepräge eines sehr fernen Alterthums an sich tragen, aber von verschiedener Bauart sind. Die eine Mauer ist aus vieleckigen, leichtbehauenen Steinen errichtet, von derselben Art wie in Mykenä, aber viel kleiner; eine andere besteht aus prachtvoll behauenen und gut über einander geschichteten Steinen; eine dritte aus Steinen von unregelmässiger Form, die aber in bewundernswerther Weise aneinander gefügt sind; eine vierte aus Steinen, deren vier Seiten einen vollkommenen Würfel bilden, während ihre Aussenseite plump behauen ist; eine fünfte ist unter einem Winkel von 45° geneigt und aus Bruchsteinen erbaut; eine sechste hat eine ebensolche Neigung, besteht aber aus kleinen unbehauenen Steinen.

Man hat ein einziges kleines Eingangsthor auf der Nordseite von nur 1 Meter Breite entdeckt.

Das Plateau der Festung ist mit einer grossen Menge Fundamente kleiner Häuser bedeckt. Da diese Fundamente mit kleinen Steinen wie übersäet sind, so dürfen wir wohl annehmen, dass die Häuser aus diesen Steinen und Erde errichtet waren.

Nur auf der Westseite hat Consul Hahn einige alte Gebäude entdeckt, von denen das merkwürdigste von 7 Meter Länge bei gleicher Breite ist und augenscheinlich auf der Südseite mit einem andern Gebäude in Verbindung gestanden hat; zwei kleine, dort gefundene Säulen lassen vermuthen, dass es ein kleiner Tempel gewesen ist.

Unmittelbar unter der Citadelle, am Ende des kleinen Hügels, findet man im Felsen eine 7 Meter tiefe Höhlung von elliptischer Form, deren grösster Durchmesser 15 Meter beträgt. Diese Höhlung ist jedenfalls der Steinbruch, welcher das Material zum Bau der kleinen Festung geliefert hat.

Die Felsen von Ballidagh bestehen aus Basaltstein.

Sechzehntes Kapitel

Die drei Grabhügel. – Falsches Grab Hektors. – Baustelle einer kleinen Stadt, die nicht Troja gewesen sein kann. – Gergis. – Skamandria. – Mahl und Libationen am Skamander. – Eine Regennacht an den Quellen. – Ausgrabungen auf den Höhen von Bunarbaschi, ohne die geringste Spur menschlicher Wohnungen. – Unmöglichkeit, den Abstand zwischen Bunarbaschi und dem Meere mit den Ereignissen der Iliade zu vereinigen.

Auf dem Plateau sieht man der Citadelle gegenüber drei Grabhügel, von denen der eine, *Grab des Hektor* genannt, 6 Meter Höhe und 32 Meter im Durchmesser an seiner Grundfläche hat; er wird von kleinen, ohne Ordnung und Symmetrie zusammengeworfenen Steinen gebildet.

Ich werde später auf das Grab Hektors zurückkommen und glaube beweisen zu können, dass es nach dem im ganzen Alterthume verbreiteten Glauben an den Ufern des Simois gelegen haben muss, bei dem alten Flecken Ophrynium, zwischen Rhöteum und dem jetzigen Dorfe Aren-Köi.

Der zweite Grabhügel, *Grab des Priamus* genannt, hat 4 Meter Höhe und 44 Meter im Durchmesser. Er ist von dem gelehrten Frank Calvert (von den Dardanellen) aufgegraben worden, der im Innern einen viereckigen Bau von 4 Meter 67 Centimeter Breite bei 4 Meter Höhe gefunden hat, welcher aus grossen, nur an der Aussenseite plump behauenen und ohne Cement übereinander geschichteten Steinen besteht.

Dieser Bau, den man einer viereckigen Röhre vergleichen könnte, war mit kleinen Steinen angefüllt, und ausser einigen Topfscherben hat Frank Calvert auch nicht das geringste Anzeichen gefunden, dass er jemals als Begräbniss gedient habe. Er glaubt daher, der Hügel sei aufgeworfen worden, um als Grundlage für einen Altar oder eine kleine Kapelle zu dienen.

Der dritte Hügel hat an der Grundfläche 30 Meter im Durchmesser und nur zwei Meter Höhe; er besteht aus einem Gemisch von Erde und Steinen und ist noch nicht aufgegraben worden.

Die zur Errichtung dieser „Grabhügel" angewandten Steine scheinen dem Felsen selbst entnommen zu sein, auf dem sie sich befinden. Neben jedem sieht man eine künstliche Grube, und neben dem sogenannten *Grabe Hektors* kreisförmige Fundamente von demselben Durchmesser wie der Hügel. Wahrscheinlich waren diese Fundamente zur Errichtung ähnlicher Grabhügel bestimmt.

Zwischen diesem letzten Grabhügel und der Citadelle ist ein ebener Platz von 288 Meter Länge bei 100 bis 150 Meter Breite, der mit Trümmern von Töpferwaaren und Ziegeln dicht bedeckt ist. Hie und da sieht man die Ruinen von ganz kleinen Häusern; es sind Fundamente aus Bruchsteinen von 33 Centimeter Länge bei 17 Centimeter Breite. Diese Häuser waren, wie man sieht, aus Erde und Steinen gebaut. Auch finden sich hier Reste von Mauern, die aus grossen Steinblöcken zusammengesetzt waren.

Sicherlich haben wir hier die Stelle einer alten Stadt, deren Citadelle die anstossende kleine Festung war. Aber der Raum ist so beschränkt, dass die Bevölkerung dieser Stadt unmöglich die Anzahl von 2000 Einwohnern überstiegen haben kann; es wäre also ganz verkehrt, an dieser Stelle die grosse Stadt Troja zu suchen, welche den Griechen 10,000 ihrer eigenen Söhne als Streiter entgegenstellen konnte, deren Bevölkerung folglich sich mindestens auf 50,000 Seelen belaufen haben muss.

Diese annähernde Zahl von Streitern findet sich in der Rede Agamemnons (*Il.* II, 123–130), wo er sagt: Wenn die griechische Armee in Zehntel getheilt würde und jedes Zehntel einen trojanischen Krieger zum Mundschenken bekäme, so würden mehrere Zehntel keinen Mundschenken haben. Die griechische Armee wird auf 100,000 Mann geschätzt.

Wenn die angeführten Beweise noch immer nicht genügen sollten, um zu zeigen, das Troja niemals auf den Höhen von Bunarbaschi gestanden haben kann, so will ich noch anführen, dass man weder von der Citadelle noch von irgend einem andern Orte der Stelle, welche man der alten Stadt anweist, den

Ida sehen kann, was mit Homer (*Il.* VIII, 47–52) in Widerspruch steht, wo Jupiter vom Gipfel des Ida die Stadt Troja überschaut.

Ferner könnte ich noch folgende einzelne Punkte anführen: In Pergamus befand sich der Palast des Priamus mit funfzig Zimmern für seine Söhne und zwölf Zimmern in einem obern Stockwerke für seine Töchter (*Il.* VI, 242 - 250); vor der Thür jenes Palastes fand die Versammlung der Trojaner statt (VII, 345 - 346); in der Citadelle befanden sich auch die Paläste und der Hof des Hektor und des Paris (VI, 313–317, 370); in Pergamus waren Tempel der Minerva (VI, 88, 297) und des Apollo (V, 446; VI, 21). Hektor opferte in der Festung dem Jupiter, und deshalb war hier jedenfalls auch ein Tempel dieses Gottes (XXII, 170–172). Pergamus muss ein sehr grosses Thor gehabt haben, denn man zog das berühmte hölzerne Pferd hindurch in die Stadt (*Od.* VIII, 504).

Aus diesen Stellen geht deutlich hervor, dass Homer auf keinen Fall die kleine Festung auf den Höhen von Bunarbaschi mit ihrem nur 1 Meter breiten Thore gemeint haben kann. In der That ist diese Festung und die Ausdehnung der am Fusse derselben gelegen gewesenen Stadt so klein und unbedeutend, dass ich selbst dem gelehrten Calvert nicht beistimmen kann, der darin Gergis zu erkennen glaubt; denn diese alte von den Nachkommen der Teukrer bewohnte Stadt (*Herodot* V, 122) war eine der stärksten Festungen der dardanischen Prinzessin Mania, die dort ihre Schatzkammer hatte (*Xen. Hell.* III, 1 §. 15).

Ausserdem zog Xerxes, als er Ilium verliess, nach der Angabe Herodots (VII, 43) durch das von den Bergen In-Tepe im Norden und Chiblak im Süden begrenzte Thal; denn er liess die Städte Rhöteum, Ophrynium und Dardanum, das an Abydos grenzt, zur Linken und die Teukrer von Gergis zur Rechten liegen.

Nach meiner Meinung hat man daher die Stadt Gergis auf den Höhen von Chiblak, ungefähr dem Dorfe *Halil Eli* gegenüber zu suchen, wo zahlreiche Scherben und einige Mauerreste beweisen, dass hier einst eine Stadt gestanden hat.

Nach Livius (XXXVIII, 39) haben die Römer nach der Besiegung des Antiochus Rhöteum und Gergithus mit dem Gebiete von Neu-Ilium vereinigt.

Wenn ich meine Vermuthung aussprechen darf, so möchte ich die Ansicht aufstellen, dass die kleine Stadt Skamandria, deren geographische Lage man noch nicht hat bestimmen können, hierher zu verlegen sei.

Plinius (V, 33) führt Skamandria unter den Städten auf, welche man in der Ebene von Troja sieht, wenn man an Bord eines Schiffes der Küste folgt, und er scheint sich darüber zu wundern, dass Skamandria noch vorhanden war. Er sagt nämlich: *"Est tamen et nunc Scamandria civitas parva."* Skamandria's Name scheint auf seine Lage am Skamander hinzudeuten. Ausserdem ersieht man (wie Mauduit anführt) aus einer Stelle des Geschichtswerkes der Anna Comnena, dass Skamandria eine halbe Tagereise von Abydos und auf der Landstrasse von Abydos nach Adramyttium lag, was vollkommen mit der Lage der Ruinen der kleinen Stadt auf den Höhen von Ballidagh übereinstimmt. Ich glaube noch erwähnen zu müssen, dass im Museum des Louvre unter den Nummern 546 und 607 zwei Marmortafeln vorhanden sind, auf welchen ein Friedensvertrag zwischen den Einwohnern von Neu-Ilium und denen von Skamandria eingegraben ist, kraft dessen die beiden Städte sich verpflichten, gegen ihre gemeinsamen Feinde sich gegenseitig zu schützen. Diese Tafeln sind von Dubois aufgefunden und dem Museum des Louvre geschenkt worden.

Erst um 5 Uhr Abends verliess ich die kleine Citadelle, und nachdem ich wiederum von Süden nach Norden den ganzen Raum, welchen man für die Stelle des alten Troja hält, durchwandert hatte, stieg ich zum Skamander hinab und nahm mein Abendbrod ein, das nur in Gerstenbrod und Flusswasser bestand. Das Brod war durch die Hitze so trocken geworden, dass ich es nicht brechen konnte; ich legte es eine Viertelstunde ins Wasser, wodurch es weich wurde wie Kuchen. Ich ass mit Vergnügen und trank dazu aus dem Flusse. Das Trinken war jedoch beschwerlich; ich hatte keinen Becher und musste mich jedesmal über den Fluss neigen, wobei ich mich auf die Arme stützte, welche bis zu den Ellenbogen in den Morast einsanken. Aber doch war es eine grosse Freude für mich, das Wasser des Skamander zu trinken, und ich dachte lebhaft daran, wie tausend Andere sich bereitwillig noch weit grösseren Beschwerden unterwerfen würden, um diesen göttlichen Fluss zu sehen und sein Wasser zu kosten.

Nach Beendigung meiner Mahlzeit ging ich nach Bunarbaschi und miethete fünf Arbeiter nebst Hauen, Hacken und Körben, um am folgenden Tage Ausgrabungen zu veranstalten. Dann legte ich mich auf dem Felsen zur Rühe, an dessen Fusse die zahlreichen Quellen hervorsprudeln. Ich wählte diesen Ort nicht deshalb, damit die Schatten der schönen Trojanerinnen mir erscheinen sollten, welche ihre Wäsche in den beiden Homerischen Quellen wuschen, sondern um vor den Schlangen gesichert zu sein, die mich während der vergangenen Nacht in Furcht gesetzt hatten. Gegen Mitternacht wurde ich durch einen Platzregen aus dem Schlafe aufgeschreckt; da ich aber nicht wusste, wohin ich mich wenden sollte, um Schutz zu suchen, so zog ich meinen Rock aus und bedeckte mit ihm Kopf und Brust. Meine Müdigkeit war indess so gross, dass ich sogleich wieder einschlief und erst am Morgen erwachte.

Es musste die ganze Nacht hindurch geregnet haben, weil ich bis auf die Haut durchnässt war. Ich kehrte nach Bunarbaschi zurück in der Absicht, trockene Kleider, die ich in meiner Reisetasche hatte, anzuziehen; aber die Unsauberkeit im Hause des Albanesen war so gross, dass ich es nicht wagte, meine Kleider dort zum Trocknen aufzuhängen, da ich befürchten musste, sie würden voll Ungeziefer werden. Ich behielt daher meine nassen Kleider an, um sie an der Sonne trocknen zu lassen.

Mein Führer mit dem Pferde und die fünf Arbeiter mit ihren Werkzeugen erwarteten mich bereits. Ich liess mir von meinem Wirth das ausbedungene Brod für diesen Tag geben, that es in den am SáãìÜñéïí hängenden Sack und machte mich auf den Weg.

Alsbald begannen wir unsere Ausgrabungen im Südosten von Bunarbaschi. Nachdem wir, die fünf Arbeiter, mein Führer und ich, uns in einer Linie von ungefähr hundert Metern staffelförmig aufgestellt hatten, untersuchten wir den Grund und Boden, indem wir Löcher gruben, um Gräben zu ziehen, falls wir Ruinen alter Gebäude oder auch nur Scherben finden sollten.

Gewöhnlich veranstaltet man Ausgrabungen an solchen Stellen, welche die Aussicht auf Alterthümer versprechen. Obwohl ich nun die vollste und festeste Ueberzeugung hatte, dass hier sicherlich nichts derartiges zu finden sei, so übernahm ich doch gern die Kosten und ertrug mit Freuden die unsäglichen Beschwerden, welche mit den Ausgrabungen verbunden sind, und wahrlich ich hätte nicht eifriger sein können, wenn mich die Gewissheit, archäologische Schätze zu finden, angetrieben hätte.

Ich hatte nur das uneigennützige Ziel im Auge, den thörichten und irrthümlichen Glauben mit der Wurzel auszurotten, dass Troja auf den Höhen von Bunarbaschi gelegen habe. Eine Schaufel nebst Hacke und Korb hatte ich für mich bestimmt und arbeitete trotz der drückenden Hitze mit demselben Eifer wie der beste meiner Arbeiter.

Fast überall drangen wir bei einer Tiefe von 60 Centimeter bis 1 Meter in den Felsen ein; aber nirgends zeigten sich auch nur die kleinsten Spuren von Ziegeln oder Töpferwaaren, nirgends das geringste Anzeichen, dass der Ort jemals von

Menschen bewohnt gewesen sei. Trotzdem arbeiteten wir rüstig in östlicher Richtung bis zum Skamander weiter und setzten unsere Ausgrabungen auch noch während des ganzen folgenden Tages fort, indem wir uns nach Norden bis zu den Felsen von Ballidagh wandten, aber ohne jeglichen Erfolg, und ich kann jetzt mit einem Eide bekräftigen, dass hier niemals eine Stadt existirt hat.

Es ist in der That unbegreiflich, wie man jemals die Höhen von Bunarbaschi hat für die Stelle Troja's halten können. Man kann es nicht anders als mit der Annahme erklären, dass die Reisenden mit vorgefassten Meinungen, welche sie sozusagen blind machen, hierher kommen; denn bei klarem und uneingenommenem Blicke würden sie sofort erkennen, dass es rein unmöglich ist, die Lage dieser Höhen mit den Angaben der Iliade in Uebereinstimmung zu bringen.

Die Entfernung von den Höhen von Bunarbaschi bis zum griechischen Lager am Vorgebirge Sigeum beträgt 14 Kilometer, während alle Kämpfe und alle Hin- und Herzüge in der Iliade zu der Annahme berechtigen, dass die Entfernung von der Stadt bis zum griechischen Lager kaum 5 Kilometer betragen könnte.

Betrachten wir z. B. die erste Schlacht.

In der Nacht befiehlt Jupiter dem Gott der Träume, sich zu Agamemnon zu begeben und ihn aufzufordern, die Griechen zu bewaffnen, indem er ihm zugleich verspricht, dass sie Troja am nächsten Tage einnehmen werden (*Il.* II, 8–15). Bei Tagesanbruch versammelt Agamemnon die Griechen, erzählt den Anführern seinen Traum, und um ihre Gesinnungen zu prüfen, schlägt er ihnen vor, ins Vaterland zurückkehren zu wollen (II, 48–140). Die Truppen zerstreuen sich unter lautem Geschrei nach den Schiffen und beginnen sie flott zu machen (II, 142–154). Ulysses hält die Truppen zurück und überredet sie zu bleiben (II, 182–210). Hierauf folgen lange Reden zwischen Ulysses, Nestor, und Agamemnon (II, 284–393). Man fasst den Entschluss zu bleiben. Die Krieger gehen ins Lager, bereiten ihr Morgenmahl und essen (II, 394–401). Agamemnon opfert dem Jupiter einen feisten Stier und versammelt die Anführer, um an dieser Ceremonie theilzunehmen (II, 402–433). Nestor hält abermals eine Rede. Dann lässt Agamemnon die Truppen in Schlachtordnung auftreten (II, 441–454). Die Truppen ordnen sich zum Kampfe vor dem Lager in der Skamanderebene (II, 464–465).

Von diesen Vorgängen werden die Trojaner durch Iris unterrichtet; sie bewaffnen sich, öffnen die Stadtthore und stürzen mit lautem Geschrei hinaus

(II, 786–810; III, 1–9). Die beiden Heere stossen in der Ebene aufeinander (III, 15). Aber die Ebene konnte nicht gross sein, denn vom skäischen Thore aus erkennt Helena die griechischen Heerführer und nennt dem Priamus ihre Namen (III, 166–235). Das griechische Heer konnte nicht weiter als ein Kilometer entfernt sein; denn um Menschen auf solche Entfernung erkennen zu können, muss man sehr gute Augen haben.

Paris fordert den Menelaus zum Zweikampf auf; Hektor hält eine Rede, ebenso Menelaus (III, 67–75, 86–94, 97–110). Hektor schickt Herolde nach Troja, um lebende Lämmer zu holen, Agamemnon zu gleichem Zwecke den Talthybius ins griechische Lager (III, 116–120). Da das griechische Lager höchstens ein Kilometer vom skäischen Thore entfernt sein konnte, so musste es wenigstens 13 Kilometer vom Lager stehen, wenn Troja auf den Höhen von Bunarbaschi lag, und Talthybius würde unter 6 Stunden nicht haben wiederkommen können. Aber er ist so kurze Zeit fort, dass Homer eine Zeit gar nicht angiebt. Talthybius kann also nur eine kurze Strecke zu durchlaufen gehabt haben.

Man opfert und schwört feierliche Eide (III, 268–301); der Zweikampf geht vor sich. Paris wird von Menelaus besiegt und von Venus entführt (III, 355–382); Pandoros verwundet den Menelaus mit einem Pfeilschuss (IV, 104–140); langes Gespräch zwischen Agamemnon und Menelaus (155–191). Machaon der Heilkünstler wird herbeigerufen und verbindet die Wunde (208–219).

Agamemnon hält zahlreiche Reden, um die griechischen Heerführer anzufeuern. Endlich werden die beiden Heere handgemein.

Minerva führt den ungestümen Mars aus dem Schlachtgetümmel und setzt ihn am Ufer des Skamander nieder (V, 35–36). Die Trojaner werden bis an die Mauern von Troja zurückgeworfen (V, 37). Apollo und Mars feuern sie zum Kampfe an (V, 460–470); während des Kampfes schickt man fortwährend die Verwundeten und die dem Feinde abgenommene Beute, Waffen, Wagen und Pferde, einerseits nach Troja, andererseits ins griechische Lager (V, 325–663, 668–669). Die Griechen *weichen* vor den siegreichen Trojanern *rückwärts zurück* (V, 699–702); sie werden bis nach Naustathmos zurückgeworfen, denn nach Vers V, 791 kämpfen sie in der Nähe der Schiffe.

Der Vortheil ist von neuem auf Seiten der Griechen, denn abermals entspinnt sich eine furchtbare Schlacht zwischen ihnen und den Trojanern in der Ebene zwischen dem Skamander und dem Simois; die Griechen weichen von neuem zurück (VI, 107). Hektor geht nach Troja, um Opfer für die Götter anzuordnen

(VI, 111–115); wie es scheint, kommt er gerade in dem Augenblicke an, wo die rührende Scene und das herrliche Gespräch zwischen Glaukos und Diomedes stattfindet (VI, 119–235).

Hektor hat lange Unterredungen mit seiner Mutter, mit Paris, mit Helena; er sucht und findet seine Gemahlin Andromache und führt ein langes und rührendes Gespräch mit ihr; hieran schliesst sich die ergreifende Scene mit seinem Sohne (VI, 254–493).

Hektor kehrt mit Paris in den Kampf zurück und wie es scheint, befinden sie sich unmittelbar, nachdem sie aus dem Thore getreten sind, unter ihren Truppen (VII, 1–7). In der That mussten diese auch vor dem skäischen Thore stehen, denn Minerva und Apollo setzen sich in der Gestalt von zwei Geiern auf den Gipfel einer Buche, um sich an dem Anblick der Krieger zu ergötzen, welche in dichten Reihen, starrend von Helmen, Schilden und Speeren, gelagert waren (VII, 58–62); diese Buche befand sich vor oder neben dem skäischen Thore (VI, 237).

Hektor und Paris tödten mehrere Feinde (VII, 8–16); dann fordert Hektor den tapfersten der Griechen zum Zweikampf heraus (VII, 67–91). Es tritt eine Pause ein; denn Niemand wagt es, sich dem Hektor entgegenzustellen; jetzt folgt die Rede des Menelaus, der sich erbietet, den Kampf mit ihm aufzunehmen; dann die Reden des Agamemnon und des Nestor (VIII, 96 –160). Neun Helden melden sich zum Kampf mit Hektor; sie loosen. Das Loos trifft den Ajax, Sohn des Telamon, der sich darüber freut und sich mit dem blinkenden Erz bekleidet (VII, 161–225); dann folgen die Reden der beiden Gegner (VII, 226–243); sie kämpfen bis zur einfallenden Nacht und wechseln Geschenke aus (VII, 244–312).

Die Griechen kehren ins Lager zurück; die Anführer versammeln sich im Zelte des Agamemnon, wo dieser einen Stier opfert; man zieht dem Thiere die Haut ab, zerlegt und brät es; darauf nimmt man die Abendmahlzeit ein (VII, 313–336).

Man überschaue noch einmal die Fülle von Ereignissen an diesem Tage: zuerst bei Tagesanbruch allgemeine Versammlung im griechischen Lager; lange Rede Agamemnons, dann Zerstreuung der Truppen nach den Schiffen; lange Reden dreier Helden; man bereitet das Mahl; Agamemnon opfert dem Jupiter einen Stier; abermals Rede Nestors; endlich lässt Agamemnon das Heer in Schlachtordnung stellen. Aber alle diese verschiedenen Vorgänge werden mindestens vier Stunden in Anspruch genommen haben, sodass es zehn Uhr Morgens ist, als die Truppen in der Ebene des Skamander vorrücken. Sie nähern sich dem skäischen Thore so weit, dass Helena die griechischen Heerführer erkennt; Paris fordert zum Zweikampf auf; Reden Hektors und des Menelaus; Sendung von Herolden nach Troja und ins griechische Lager, um lebendige Lämmer zu holen; feierliches Opfer; Zweikampf. Zahlreiche Reden Agamemnons. Die Griechen werfen die Trojaner bis vor die Mauern von Troja zurück, und werden wiederum zurückgeworfen, *aber sie ziehen sich nur rückwärts bis an die Schiffe zurück.* Die Griechen sind von neuem vorgerückt, denn es entbrennt eine furchtbare Schlacht in der Ebene zwischen dem Skamander und Simois. Die Griechen weichen abermals zurück; Hektor geht nach Troja; lange Unterredung zwischen ihm, Hekuba, Paris, Helena und Andromache. Die Griechen sind von neuem vorgerückt; denn Hektor und Paris befinden sich in ihrer Gegenwart, als sie aus dem skäischen Thore gehen; Rede Hektors, des Menelaus, des Nestor; endlich der Zweikampf, welcher durch die Nacht beendigt wird; die Griechen kehren ins Lager zurück.

So wurde der Raum zwischen der Stadt und dem griechischen Lager wenigstens sechs mal in der Zeit von zehn Uhr Morgens bis sieben Uhr Abends durchlaufen, nämlich: zwei mal von dem Herold, welcher das Lamm holte, und wenigstens vier mal von dem Heere, und ein mal sogar *rückwärts*, und alle diese Märsche und Gegenmärsche haben trotz des sehr grossen Zeitverlustes ausgeführt werden können, welcher durch die zahlreichen Reden, die Opfer, die verschiedenen Schlachten, und die beiden Zweikämpfe verursacht wurde.

Die Entfernung vom griechischen Lager bis Troja muss also sehr gering gewesen sein und weniger als fünf Kilometer betragen haben. Bunarbaschi ist vierzehn Kilometer vom Vorgebirge Sigeum entfernt; hätte nun Troja auf den Höhen von Bunarbaschi gelegen, so würde man von zehn Uhr Morgens bis sieben Uhr Abends wenigstens vierundachtzig Kilometer durchlaufen haben, trotz des vielen durch die verschiedenen aufgezählten Ursachen hervorgerufenen Zeitverlustes.

Siebzehntes Kapitel

Ausgrabungen auf der Stelle der ehemaligen kleinen Stadt auf den Höhen von Ballidagh. – Bett des Skamander. – Der Thymbrius. – Thymbra. – Der Kalifatli Asmak. – Natürliche Bodenbeschaffenheit der trojanischen Ebene. – Ungesundes Klima. – Neu-Ilium, das heutige Hissarlik. – Identität seiner Stelle mit der von Troja. – Künstlicher Hügel. – Verzeichniss neuerer Werke über

Troja. – Frank Calverts Entdeckungen. – Die einstimmige Tradition des Alterthums verlegt Troja nach Neu-Ilium. – Beweise aus der klassischen Literatur für diese Annahme.

Am 13. August stellten wir einige Nachgrabungen an der Stelle der unbedeutenden Stadt an, welche auf der Hochfläche unmittelbar vor der kleinen Citadelle gestanden hat, und wie ich schon gesagt habe, 2000 Einwohner fassen konnte. Jeder Schlag mit der Hacke brachte uns dort Scherben, und an mehreren Stellen kamen Fundamente von kleinen Häusern, zwei bis drei Meter lang und ebenso breit, zum Vorschein.

Wir gruben auch an verschiedenen Stellen der kleinen Citadelle und überall fanden wir Scherben in grosser Anzahl.

Ebenso setzten wir vier Stunden lang die vom Consul Hahn angefangenen Ausgrabungen in dem sieben Meter langen und ebenso breiten kleinen Gebäude fort, dessen Aussenwände bis auf die Fundamente aufgedeckt sind und ungefähr drei Meter in der Höhe messen. Hier fanden wir Trümmer von Ziegeln und Töpfergeschirr in ungeheurer Masse, unter andern einen Topf aus gebrannter Erde, von zierlicher Form und den Urnen ähnlich, die man in den Gräbern von Korinth findet. Die Steine, aus welchen das Gebäude aufgeführt ist, sind auf der innern Wandseite nicht behauen, sodass sie einer über dem andern unregelmässige Vorsprünge von 20 bis 30 Centimeter bilden, woraus zu folgen scheint, dass es, selbst bis zur Höhe von 3 Metern, nur Unterbauten sind, auf welchen das eigentliche Gebäude sich erhob. Aber die ungeheure Masse Trümmer von Hausgeräth, mit welchen diese Unterbauten angefüllt und bedeckt sind, lässt es ausser allem Zweifel, dass während langer Jahrhunderte andere Häuser auf den Ruinen des Gebäudes und über den Unterbauten errichtet worden sind.

Am Abend kehrte ich nach Bunarbaschi zurück, wo ich meine Arbeiter bezahlte und für den folgenden Tag wieder engagirte. Da es schon zu spät war, nach dem Skamander zu gehen, so hielt ich meine Abendmahlzeit an den Quellen und brachte die Nacht abermals auf dem Felsen zu.

Am folgenden Tage, den 14. August, brach ich um 5 Uhr Morgens mit meinem Führer und den Arbeitern auf. Wir nahmen unsere Richtung zuerst gegen Osten nach dem Skamander zu, und dann gegen Norden im sandigen Bett dieses Flusses. Die Hitze hatte den Boden so trocken und locker gemacht, dass mich mein Pferd nicht tragen konnte. Ich gab es daher meinem Führer mit dem

Auftrage, es über die Felder nach Hissarlik (*Neu-Ilium*) zu führen, während ich mit den fünf Arbeitern zu Fuss den Weg fortsetzte.

Nach einstündigem beschwerlichen Marsche im Sande gelangten wir zu der Stelle, wo der kleine Fluss Kimar-Su, *der alte Thymbrius,* welcher von den Callicalone genannten Hügeln herabkommt, sich in den Skamander ergiesst. Die Ufer dieses Flüsschens sind so dicht mit Bäumen bedeckt, dass man ihn kaum sieht.

Wir gingen am Ufer des Thymbrius aufwärts und kamen ungefähr 1 Kilometer von seiner Mündung bei dem *Pachthofe* Batak an, welcher auf der Stelle des zerstörten Dorfes Akchekin erbaut ist. Hier war die alte Stadt Thymbra mit dem Tempel des Thymbrischen Apollo.

Eine hier von Doctor Hunt aufgefundene Inschrift zu Ehren dieses Gottes lässt keinen Zweifel darüber.

Nach Strabo (XIII, 1 S. 107 *Tauchnitzer Ausgabe*) lag dieser Tempel gerade an der Stelle, wo der Thymbrius sich in den Skamander ergiesst. Sonach müsste letzterer sein Bett ein Kilometer mehr nach Westen verlegt haben. Da aber Strabo die Gegend nicht selbst besucht hat, so mag sich eine Ungenauigkeit in die Angaben seiner Berichterstatter eingeschlichen haben, wie sich deren bekanntlich viele in den Berichten des Demetrius von Skepsis befinden.

Auf dem Pachthofe Batak ist der Boden überall mit Scherben besäet. Auch finden sich zahlreiche Mauerreste, aus deren Ausdehnung man ersieht, dass Thymbra eine nicht unbedeutende Stadt gewesen sein muss. Frank Calvert, dem die Archäologie so viele wichtige Entdeckungen verdankt, ist es gelungen, die Todtenstadt von Thymbra zu entdecken. Die von ihm ausgeführten Ausgrabungen haben seine grosse und prächtige Sammlung von Alterthümern mit einer Menge von Urnen bereichert, deren Ausführung eine hohe künstlerische Vollendung beweist.

In dem Thale von Thymbra lagerten die Lykier und Mysier: „πρὸς Θύμβρης δ' ἔλαχον Λύκιοι, Μύσιοι τ' ἀγέρωχοι", *nach Thymbra zu lagerten sich die Lykier und die stolzen Mysier* (*Il.* X, 430).

Meine Arbeiter sagten mir, der Kimar-Su fliesse anfänglich durch ein enges, von hohen Bergen eingeschlossenes Thal und winde sich dann durch ein wahres Labyrinth von grossen Steinblöcken an der Stelle, wo die schon erwähnte Wasserleitung über ihn führt.

Das Bett dieses Flusses ist nur 8 bis 10 Meter breit und der Stand des Wassers so niedrig, dass es kaum fliesst; aber die Ufer sind ungefähr zwei Meter hoch und steil, woraus man schliessen kann, dass er im Winter und Frühling wasserreich und reissend ist.

Von dem Pachthofe Batak wandten wir uns nach Nordwesten und kamen bald an einen Sumpf, der durch die sogenannten *Judan*-Quellen gespeist wird. Von ihm gehen zwei Bäche aus; der eine fliesst nach Südosten und ergiesst sich in den Kimar-Su (den Thymbrius), der andere nach Nordwesten ins Meer. Dieser letztere, von den Bewohnern der Ebene *Kalifatli-Asmak* genannt, hat ein tiefes Bett und während der grossen Sommerhitze kein fliessendes Wasser; doch fand ich stellenweise Tümpel mit stehendem Wasser in ihm. Meine Arbeiter versicherten mir, dieser kleine Fluss habe im Winter und den ganzen Frühling hindurch eine starke Strömung und trete manchmal über seine Ufer. Er fliesst gegen Norden über Hissarlik hinaus, dann einige hundert Meter gegen Westen, dann nach Nordwesten und ergiesst sich in zwei Armen, noch nicht ganz ein Kilometer von der Mündung des Skamander, ins Meer. Ungefähr 2½ Kilometer im Nordwesten von Hissarlik steht er durch einen künstlichen Kanal mit dem Hauptarme des Dumbrek-Su (Simoïs) in Verbindung.

Strabo (XIII, 1 S. 107 *Tauchnitzer Ausgabe*) giebt die Entfernung von Thymbra nach Neu-Ilium zu 50 Stadien an, also, das Stadion zu 185 Meter gerechnet, 9250 Meter. Diese Angabe scheint genau zu sein, denn wir brauchten zwei Stunden, um diesen Weg zurückzulegen.

Der Boden der trojanischen Ebene besteht aus fetter Thonerde. Sie soll ehemals einen Meerbusen gebildet haben und durch die Anschwemmungen der Flüsse entstanden sein. Aber wichtige Gründe, welche ich später darlegen werde, haben mir die Ueberzeugung gebracht, dass diese Ebene kein angeschwemmtes Land ist, sondern gleiches Alter mit den beiden Vorgebirgen Sigeum und Rhöteum aufzuweisen hat.

Die Felsen, welche die Ebene umgeben, sind sandiger Kalkstein.

Das Klima ist sehr ungesund, denn während der grossen Hitze dünsten die Sümpfe pestilenzialische Miasmen aus, welche gefährliche Fieber erzeugen. Diese Fieber richten grosse Verheerungen in der Bevölkerung an, besonders aber unter den Neuangekommenen, die noch nicht an das Klima gewöhnt sind. Ohne jene Sümpfe würde das Klima durchaus gesund sein. Aber die Bevölkerung ist gegenwärtig so schwach und unbedeutend, dass sie sicherlich um eine

Verbesserung desselben sich nicht kümmert. Indess geht aus den alten Schriftstellern hervor, dass hier immer Sümpfe gewesen sind, selbst zu der Zeit, als die Bevölkerung zahlreich und mächtiger war.

Selbst unmittelbar an den Mauern Troja's war ein Sumpf, denn Odysseus sagt zu Eumaios (*Od.* XIV, 472–475):

> Ἀλλ' ὅτε δή ῥ' ἱκόμεσθα ποτὶ πτόλιν αἰπύ τε τεῖχος,
> Ἡμεῖς μὲν περὶ ἄστυ κατὰ ῥωπήϊα πυκνά,
> Ἂν δόνακας καὶ ἕλος, ὑπὸ τεύχεσι πεπτηῶτες
> Κείμεθα.

„Als wir aber zur Stadt gelangten, und zu der hohen Mauer, lagerten wir uns in voller Waffenrüstung vor der Citadelle, mitten unter dichtem Gesträuch, in den Binsen eines Sumpfes."

Gegen zehn Uhr Morgens kamen wir auf ein weit ausgedehntes hochliegendes Terrain, welches mit Scherben und Trümmern von bearbeiteten Marmorblöcken bedeckt war. Vier einzeln stehende, zur Hälfte im Boden vergrabene marmorne Säulen zeigten die Stelle eines grossen Tempels an. Die weite Ausdehnung des mit Trümmern besäeten Feldes liess uns nicht bezweifeln, dass wir auf dem Umkreise einer grossen, einst blühenden Stadt standen, und wirklich befanden wir uns auf den Ruinen von *Neu-Ilium*, jetzt *Hissarlik* genannt, welches Wort *Palast* bedeutet.

Nachdem wir eine halbe Stunde lang auf diesem Terrain weiter gegangen waren, kamen wir zu einem Hügel von ungefähr 40 Meter Höhe, welcher im Norden fast senkrecht in die Ebene abfällt und ungefähr 20 Meter höher ist, als der Rücken der Bergkette, deren letzten Ausläufer er bildet.

Alle Zweifel rücksichtlich der Identität von Hissarlik mit Neu-Ilium schwinden beim Anblick dieser Bergkette, welche durchaus den Worten Strabo's entspricht (XIII, 1 S. 109 *Tauchnitzer Ausgabe*) „ συνεχὴς ῥάχις", *fortlaufender Bergrücken*.

Der Gipfel des genannten Hügels bildet ein viereckiges, ebnes Plateau von 233 Meter Länge bei gleicher Breite. Der geistreiche Frank Calvert hat durch Nachforschungen in dem Hügel gefunden, dass er zum grossen Theil künstlich aus den Ruinen und Trümmern der Tempel und Paläste aufgeworfen worden ist, welche lange Jahrhunderte hindurch nach einander auf diesem Boden gestanden haben. Bei einer Ausgrabung auf dem Gipfel im Osten legte er einen Theil eines grossen Gebäudes, eines Palastes oder Tempels, aus grossen, ohne Cement übereinander geschichteten Quadersteinen bloss. Aus den wenngleich nur dürftigen Resten des Gebäudes ersieht man, dass es eine grosse Ausdehnung hatte und mit vollendeter Kunst ausgeführt war.

Nachdem ich zweimal die ganze Ebene von Troja aufmerksam untersucht habe, theile ich vollkommen die Ueberzeugung Calverts, dass die Hochfläche von Hissarlik die Stelle des alten Troja bezeichnet, und dass auf dem genannten Hügel seine Burg Pergamus gelegen hat. Ich stimme also nicht überein mit Lechevalier, Voyage de la Troade, 3? éd. Paris 1802; Rennel, Observations on the topography of the plain of Troy, London 1814; P. W. Forchhammer, im Journal of the Royal Geographical Society, vol. XII, 1842; Mauduit, Découvertes dans la Troade, Paris-Londres 1840; Welcker, Kleine Schriften; Texier; Choiseul-Gouffier, Voyage pittoresque de la Grèce, 1820; M. G. Nicolaïdes, Paris 1867, welche sämmtlich das alte Troja auf die Höhen von Bunarbaschi verlegen. Ebenso wenig mit Clarke und Barker Webb, Paris 1844, welche die Hügel von Chiblak jenseits Neu-Ilium als die Stelle Troja's ansehen. Aber ich stimme vollkommen überein mit C. Mac Laren, Dissertation on the topography of the Trojan war, Edinburgh 1822, und Eckenbrecher im Rheinischen Museum, N. F. 2. Jahrg., S. 1 ff., welche die Identität Hissarlik's mit Troja anerkennen.

Um zu den Ruinen der Paläste des Priamus und seiner Söhne, sowie zu denen der Tempel der Minerva und des Apollo zu gelangen, wird man den ganzen künstlichen Theil dieses Hügels fortschaffen müssen. Alsdann wird sich sicherlich ergeben, dass die Citadelle von Troja sich noch eine bedeutende Strecke über das anstossende Plateau ausdehnte; denn die Ruinen vom Palaste des Odysseus, von Tiryns und von der Citadelle in Mykenä, sowie die grosse, noch unberührte Schatzkammer Agamemnons beweisen deutlich, dass die Bauwerke des heroischen Zeitalters grosse Ausdehnungen hatten.

Die Burg Pergamus muss zur Zeit des Priamus umfangreich gewesen sein; denn ausser den drei Palästen und wenigstens zwei Tempeln, welche sich hier befanden, blieb noch viel freier Raum übrig, sonst hätte das trojanische Volk seine Versammlung nicht vor dem königlichen Palaste halten können (*Il.* II, 788–789).

> Οἱ δ' ἀγορὰς ἀγόρευον ἐπὶ Πριάμοιο θύρῃσιν
> Πάντες ὁμηγερέες, ἠμὲν νέοι ἠδὲ γέροντες.

„Sie hatten sich alle auf der Agora versammelt, Jünglinge und Greise, vor der Säulenhalle des Priamus.“

Die Kunde von der früheren Baustelle einer Stadt kann durch nichts besser bewahrt werden, als durch die Tradition, welche unter den Einwohnern fortlebt. Da nun nach der Tradition, welche sich in Neu-Ilium erhalten hat, das alte Troja niemals ganz zerstört oder verlassen worden ist (Strabo XIII, 1, S. 111 Tauchnitzer Ausgabe), so hat man keinen Grund daran zu zweifeln, um so weniger, als es sich aus Homer selbst mit Sicherheit zu ergeben scheint, *dass ein trojanisches Königreich selbst nach der Zerstörung der Hauptstadt durch die Griechen fortbestand, und dass dieses Königreich zu Homer's Zeiten, also zweihundert Jahre nach dem trojanischen Kriege existirte*; denn wie hätte sonst Homer, der immer so wahr und genau ist, die schönen prophetischen Verse dem Poseidon in den Mund legen können (*Il.* XX, 300–308):

Ἀλλ᾽ ἄγεθ᾽, ἡμεῖς πέρ μιν ὑπὲϰ θανάτου ἀγάγωμεν,
Μήπως ϰαὶ Κρονίδης ϰεχολώσεται, αἴ ϰεν Ἀχιλλεὺς
Τόνδε ϰαταϰτείνῃ · μόριμον δέ οἵ ἐστ᾽ ἀλέασθαι,
Ὄφρα μὴ ἄσπερμος γενεὴ ϰαὶ ἄφαντος ὄληται
Δαρδάνου, ὃν Κρονίδης περὶ πάντων φίλατο παίδων,
Οἳ ἕθεν ἐξεγένοντο γυναιϰῶν τε θνητάων.
Ἤδη γὰρ Πριάμου γενεὴν ἤχθηρε Κρονίων
Νῦν δὲ δὴ Αἰνείαο βίη Τρώεσσιν ἀνάξει,
Καὶ παίδων παῖδες, τοί ϰεν μετόπισθε γένωνται.

„Wohlan! lasst uns den Aeneas dem Tode entreissen, damit der Sohn des Saturn nicht in Zorn geräth, wenn Achilleus ihn tödtet; denn das Schicksal will, dass er entkommt, damit das Geschlecht des Dardanos nicht ohne Nachkommen und vergessen untergehe, jenes Dardanos, den Jupiter am meisten von allen Kindern geliebt hat, die er mit sterblichen Frauen erzeugte; denn das Geschlecht des Priamos ist jetzt dem Sohn des Saturn verhasst; ja, bald werden über die Trojaner herrschen Aeneas und die Söhne seiner Söhne, und die, welche später geboren werden.“

Wenn also zu Homers Zeit ein trojanisches Reich mit einem Nachkommen des Aeneas als König nicht existirt hätte, so würde der Dichter den Neptun eine lächerliche Lüge haben aussprechen lassen; aber eine solche Blasphemie ist weder mit seinem blinden Glauben an die hohe Weisheit der Götter, noch mit seiner beständigen Wahrhaftigkeit vereinbar.

Strabo, welcher alle Traditionen verwirft, nach denen Aeneas, als er mit seinem Vater Anchises und seinem Sohn Askanius von Troja entkam, eine Colonie in der Nähe des Olympus in Macedonien, oder in Arkadien, oder in Sicilien gegründet haben soll, von wo er nach Latium gekommen wäre, um sich dort niederzulassen, Strabo, sage ich, ist der Ansicht, Homer gebe in der prophetischen Rede des Neptun deutlich zu verstehen, dass Aeneas in Troja geblieben ist, daselbst nach dem Erlöschen der Dynastie des Priamus geherrscht und seinen Kindeskindern das Reich hinterlassen hat. (Strabo XIII, 1 S. 123 Tauchnitzer Ausg.)

Achtzehntes Kapitel

Fortsetzung der Beweise für die Identität von Neu-Ilium mit dem Homerischen Ilium. – Besuche des Xerxes, des Mindaros und Alexanders des Grossen. – Geschichte von Neu-Ilium. – Gründe für die falschen, von Strabo angenommenen Behauptungen des Demetrios von Skepsis. – Naustathmos. – Lage des griechischen Lagers. – Die Vorgebirge Rhöteum und Sigeum.

Troja scheint nach der Zeit Homer's nochmals zerstört worden zu sein, denn Strabo erzählt, dass die Einwohner von Sigeum, von Rhöteum und den benachbarten Städten nach der Zerstörung von Troja sich in das Gebiet von Troja theilten, aber zur Zeit seiner Wiederaufbauung unter der Herrschaft der Lydier es an Ilium zurückgaben; sowie auch, dass Hellanikos, ein sehr alter Schriftsteller, die Identität der alten Stadt mit Neu-Ilium bestätige. (Strabo, XIII, 1, S. 113.)

Allein die Herrschaft der Lydier begann ungefähr 800 Jahre v. Chr. Wenn wir es nun für gewiss annehmen, dass es zur Zeit Homers ein trojanisches Königreich und eine Stadt Troja oder Ilium gab, so verlieren wir diese Stadt nur zwei Jahrhunderte lang aus den Augen.

In einem Zeitraum von zwei Jahrhunderten würde uns die Tradition die Baustelle eines verschwundenen Dorfes bewahren, dessen Häuser nur aus Holz oder Lehm gebaut und mit Schilf gedeckt waren; es wäre also unsinnig zu glauben, dass in einem so kurzen Zeitraume sich das Andenken an die Stelle einer grossen Hauptstadt von cyklopischem Bau verloren habe.

Niemand wird daran zweifeln, dass die Trojaner unter Aeneas ihre Hauptstadt auf der Stelle des von den Griechen unter Agamemnon zerstörten Troja wieder aufgebaut haben; denn es fesselte sie an diesen Boden das Andenken sowohl an ihre alte Bedeutung, wie an ihre eigenen glorreichen Thaten.

Ich kann natürlich nicht mit vollkommener Sicherheit angeben, wie die Häuser in Troja gebaut waren; da ich mich aber überzeugt habe, dass die Schweineställe des Eumaios auf Ithaka cyklopische Bauwerke aus grossen, ohne Cement übereinander geschichteten Quadersteinen waren, so trage ich kein Bedenken zu behaupten, dass im heroischen Zeitalter alle Häuser auf die nämliche Weise erbaut wurden, sowie, dass die Paläste des Priamus und seiner Söhne und die verschiedenen Tempel der Citadelle cyklopische Bauwerke waren, von gleich vollkommener Kunst wie die Schatzkammer des Agamemnon zu Mykenä, und dass die von Apollo und Neptun erbaueten Ringmauern Troja's (*Il.* VII, 452–453) wenigstens ebenso grossartig und fest waren, wie die der Citadellen von Tiryns und Mykenä, welche Cyklopen erbaut hatten; denn der schöpferischen Hand der Götter könnte man nur solche Bauwerke zuschreiben, welche diejenigen der Cyklopen und anderer Sterblichen übertreffen.

Es ist daher sehr wahrscheinlich, dass nicht nur die Mauern Troja's, sondern selbst die Paläste, die Tempel und die einfachen Häuser der Stadt nur theilweise von den Griechen zerstört wurden; denn nur das Innere und die Dächer konnten abbrennen, das Mauerwerk aber durch den Brand nicht einmal beschädigt werden; und wenn man die Mauern von Tiryns betrachtet, von denen, nach der richtigen Bemerkung des Pausanias, ein Gespann von zwei Maulthieren auch nicht den kleinsten Stein von der Stelle hätte bewegen können, so überzeugt man sich mit leichter Mühe, dass eine ähnliche, die grosse Stadt Troja umgebende Mauer vom griechischen Heere nicht hat zerstört werden können.

Aber wenn wir selbst annehmen, dass Troja und seine Mauern von Grund aus zerstört worden seien, so hatten doch alle Quadersteine der cyklopischen Bauwerke liegen bleiben müssen, und die Trojaner unter Aeneas fanden alles Material zur Erbauung einer neuen Hauptstadt vor.

Im ganzen Alterthum hat man übrigens nie den geringsten Zweifel über die Stelle Troja's und der Burg Pergamus gehabt; denn nach Herodot (VII, 43): „kam Xerxes bei seinem Zuge durch Troas vor seinem Einfall in Griechenland (also im

Jahre 480 v. Chr.) am Skamander an, und stieg zu Priam's Pergamus hinauf, weil er das Verlangen hatte, diese Burg zu sehen; und nachdem er es gesehen und sich nach seinen Schicksalen erkundigt hatte, opferte er der ilischen Minerva tausend Rinder, und die Magier brachten den Manen der Helden Trankopfer dar."

Aus dieser Stelle Herodots ergiebt sich, dass damals eine Stadt Ilium mit einer Citadelle *Pergamus* und einem der ilischen Minerva, der Schutzgöttin dieser Stadt, geweiheten Tempel existirte, und dass man als sicher annahm, an dieser Stelle habe das Homerische Ilium und Priam's Pergamus, wie Herodot sich ausdrückt, gestanden.

Ein anderes sicheres Zeugniss für die Lage Troja's giebt uns Xenophon (I, 1, 4), welcher erzählt, dass der lacedämonische Feldherr Mindaros der Minerva zu Ilium opferte.

Wichtiger aber als diese Zeugnisse ist der Besuch Alexanders des Grossen zu Ilium und Pergamus (Strabo XIII, I, S. 99, Tauchnitzer Ausgabe). Dieser war im höchsten Grade von der Iliade begeistert. Er hielt sie in hohen Ehren, nannte sie *"eine Vorrathskammer der kriegerischen Tugend"* und hatte sie stets neben seinem Degen unter dem Kopfkissen liegen. (Plutarch, Leben Alexanders des Grossen, VIII.)

Arrianus erzählt, Alexander der Grosse habe bei seinem Besuche zu Ilium der ilischen Minerva geopfert, seine Waffenrüstung im Tempel dieser Göttin aufgehängt und einige der geweiheten Waffen mitgenommen, welche vom trojanischen Kriege her hier aufbewahrt wurden. Seine Verehrung für diese trojanischen Waffen war so gross, dass er sie in der Schlacht von seiner Leibwache vor sich hertragen liess.

Er brachte auch im Tempel des herceischen Jupiter zu Ilium dem Priamus Opfer dar und bat ihn, von seinem Zorn gegen das Geschlecht des Neoptolemus, welchem er (Alexander) angehörte, abzulassen. (Arrian I, 11.)

Plutarch erzählt: nachdem Alexander über den Hellespont gegangen war, stieg er nach Ilium hinauf, opferte der Minerva und brachte den Manen der Helden Trankopfer. Die Grabsäule des Achilles besprengte er mit Oel und lief, wie dies Gebrauch war, mit seinen Gefährten ganz nackt um das Grab herum, legte einen Blumenkranz darauf und pries den Achilles glücklich, dass er während seines Lebens einen treuen Freund, und nach seinem Tode einen grossen Sänger seines Ruhmes gehabt habe.

Als er die Stadt Ilium durchwanderte und ihre Merkwürdigkeiten in näheren Augenschein nahm, fragte man ihn, ob er die Leyer des Alexandros (Paris) sehen wollte. Er entgegnete, diese kümmere ihn sehr wenig, er wünsche lieber die Leyer zu sehen, auf welcher Achilles den Ruhm und die Thaten der grossen Männer besungen habe. (Plutarch, Leben Alexanders des Grossen, XV.)

Bei der hohen Verehrung, welche Alexander der Grosse für Homer und seine Helden bezeugte, war er gewiss der festen Ueberzeugung, dasjenige Ilium, wo er der Minerva opferte, stehe an der Stelle der alten Stadt des Priamus.

Wir lesen bei Strabo: „Man sagt, die Stadt Ilium sei bis zu Alexanders Zeit ein Flecken gewesen, und es habe sich dort ein kleiner und winziger Tempel der Minerva befunden. Als aber Alexander nach dem Siege am Granikus hierherkam, bereicherte er den Tempel mit Opfergaben, erhob den Flecken zu dem Range einer Stadt, befahl sie durch neue Bauten zu vergrössern, erklärte sie für frei und entledigte sie aller Abgaben. Später, nach der Zerstörung des persischen Reiches, schickte er ihr zum Beweise seines Wohlwollens einen Brief, worin er versprach, aus ihr eine grosse Stadt und ihren Tempel sehr berühmt machen, sowie heilige Spiele in der Stadt einführen zu wollen. Nach seinem Tode that Lysimachus viel für die Stadt, umgab sie mit einer 40 Stadien langen Mauer, baute einen Tempel und vermehrte die Bevölkerung dadurch, dass er die Einwohner der alten, in Verfall gerathenen Städte der Umgegend dorthin verpflanzte. Alexander der Grosse nahm grosses Interesse an Neu-Ilium, einmal deshalb, weil er seine Verwandtschaft mit den Iliern begründen wollte, sodann wegen seiner Bewunderung für Homer. Es giebt sogar von ihm eine berichtigte Ausgabe der Gedichte Homers, welche die Ausgabe des „Kästchens“ (ἡ ἐκ τοῦ νάρθηκος) genannt wird. Alexander hat nämlich diese Gedichte mit dem Kallisthenes und Anaxarchos revidirt und Bemerkungen zu ihnen gemacht, und bewahrte sie in einem reichgeschmückten Kästchen auf, welches er in der Schatzkammer der Perser gefunden hatte. Das ausserordentliche Wohlwollen Alexanders für die Ilier ging also zunächst aus seiner Verehrung für den Dichter hervor, dann aus seiner Verwandtschaft mit den Aeakiden, den Königen der Molosser, bei welchen, wie man sagt, auch Andromache, welche früher die Gemahlin Hektors war, geherrscht hat.“ (Strabo XIII, 1, S. 100 und 101. Tauchnitzer Ausgabe.)

Derselbe Schriftsteller erzählt uns ferner, dass Ilium von Neuem in Verfall gerieth, und zwar in so hohem Grade, dass nach Demetrios von Skepsis die Häuser nicht einmal mit Ziegeln gedeckt waren, als die Römer zum ersten Mal in Asien einfielen; dass die Stadt sich wieder erholte, dass sie aber von Neuem durch Fimbria's Eroberung im mithridatischen Kriege zu leiden hatte. Fimbria nahm nämlich die Stadt nach einer neuntägigen Belagerung ein, und als er sich rühmte, dass Agamemnon mit einer Flotte von tausend Schiffen zehn Jahre zur Einnahme der Stadt gebraucht hätte, während er sie in neun Tagen eingenommen hätte, entgegnete ihm ein Ilier: οὐ γὰρ ἦν Ἕκτωρ ὁ ὑπερμαχῶν τῆς πόλεως(„die Stadt hatte aber auch keinen Hektor zum Vertheidiger"). Fimbria wurde später von Sylla gestürzt und vertrieben. Letzterer entschädigte die Stadt durch grosse Verbesserungen. Auch Julius Cäsar that viel für Neu-Ilium, weil er Alexander, dessen Bewunderer er war, nachahmen wollte, und ausserdem deutliche Beweise seiner Verwandtschaft mit den Iliern zu haben glaubte. Er beschenkte sie mit Ländereien und bestätigte ihre Selbständigkeit und Abgabenfreiheit. (Strabo XIII, 1, S. 101. Tauchnitzer Ausgabe.)

Bei Justinus (XXXI, 8) lesen wir, dass im ersten römischen Feldzug in Asien ein gegenseitiger Austausch von Beglückwünschungen zwischen den Iliern und Römern, wie nach einer langen Trennung zwischen Eltern und Kindern stattfand. In der That war der Glaube an die Identität der Stelle von Neu-Ilium mit der der alten Stadt des Priamus im ganzen Alterthum so fest begründet, dass Niemand jemals daran gezweifelt hat, ausser Strabo, welcher aber die Ebene von Troja niemals selbst besucht hatte und sich auf die von Eigennutz eingegebenen Berichte des Demetrios von Skepsis verliess.

Nach Strabo (XIII, 1, S. 122 Tauchnitzer Ausgabe) behauptete dieser Demetrios von Skepsis, seine Geburtsstadt, Skepsis, sei die Residenz des Aeneas gewesen, und beneidete Ilium um die Ehre, die Hauptstadt des trojanischen Königreichs geworden zu sein. Deshalb sprach er die Ansicht aus, in Neu-Ilium und Umgegend sei für die grossen Thaten der Iliade nicht Raum genug, und das ganze Terrain, welches diese Stadt vom Meere trennte, sei angeschwemmtes Land und habe sich erst nach dem trojanischen Kriege gebildet. Als einen andern Beweis, dass die Stelle der beiden Städte nicht dieselbe sein könnte, führt er an, Achilleus und Hektor seien drei Mal um Troja gelaufen, während man um Neu-Ilium nicht herumlaufen könnte, "διὰ τὴν συνεχῆ ῥάχιν", *wegen des fortlaufenden Bergrückens*. (Strabo XIII, 1, S. 109.)

Aus all diesen Gründen müsse man das alte Troja an die Stelle von Ἰλιέων κώμη, dreissig Stadien von Neu-Ilium und zweiundvierzig Stadien von der Küste, verlegen, obwohl er allerdings zugestehen muss, dass sich nicht die geringste Spur davon erhalten habe. (Strabo XIII, 1, S. 99.)

Strabo würde gewiss bei dem ihn kennzeichnenden richtigen Urtheil diese irrthümlichen Behauptungen des Demetrios von Skepsis nicht gebilligt haben, wenn er selbst die Ebene von Troja besucht hätte, da sie sich leicht widerlegen lassen.

Zunächst beträgt die Entfernung von Neu-Ilium in grader Richtung nach Norden bis zur Küste vier Kilometer, dagegen von Neu-Ilium in grader Richtung nach Nord-Westen fünf Kilometer bis zum Vorgebirge Sigeum, welches die Tradition zu Strabo's Zeit noch als die Stelle des griechischen Lagers bezeichnete. Strabo sagt nämlich (XIII, 1, S. 103): „Nächst Rhöteum sieht man die zerstörte Stadt Sigeum, den Hafen der Achäer, das achäische Lager und den Sumpf oder See, Stomalimne genannt, und die Mündung des Skamander."

Die Berichte Homers über die Märsche der beiden Heere beweisen deutlich, dass der griechische Naustathmos und das griechische Lager sich zwischen Sigeum und der Mündung des Skamander befanden. Diese Entfernung beträgt jetzt 1,720 Meter; aber gewisse Spuren eines alten Flussbettes, welche ich ungefähr 280 Meter weiter östlich gefunden habe, machen es unzweifelhaft, dass die Mündung des Skamander zur Zeit des trojanischen Krieges ungefähr zwei Kilometer von Sigeum entfernt war.

Nichtsdestoweniger war der Naustathmos zu eng, denn Homer sagt (*Il.* XIV, 31–36):

Τὰς γὰρ πρώτας πεδίονδε
Εἵρυσαν, αὐτὰρ τεῖχος ἐπὶ πρύμνῃσιν ἔδειμαν.
Οὐδὲ γὰρ οὐδ', εὐρύς περ ἐὼν, ἐδυνήσατο πάσας
Αἰγιαλὸς νῆας χαδέειν στείνοντο δὲ λαοί.
Τῷ ῥα προκρόσσας ἔρυσαν καὶ πλῆσαν ἁπάσης
Ἠϊόνος στόμα μακρόν, ὅσον συνεέργαθον ἄκραι.

„Man hatte die erste Linie der Schiffe bis auf die Ebene gezogen und längs der Steuerenden eine Mauer errichtet, denn das Gestade konnte trotz seiner Ausdehnung nicht alle Schiffe fassen; die Völker waren in einen zu engen Raum zusammengedrängt; deshalb wurden die Schiffe in mehreren Linien aufgestellt und nahmen das ganze lange Ufer ein, welches die Vorgebirge einschlossen."

Diese Stelle Homers erkläre ich mir so: die Schiffe wurden zwischen dem Vorgebirge Sigeum und der Mündung des Skamander ans Land gezogen und erfüllten das ganze trockene Ufer, so weit es möglich war, Schiffe aufzustellen; denn die grossen Seen und tiefen Sümpfe zwischen der Mündung des Skamander und dem Vorgebirge Rhöteum erlaubten nicht, ein Lager aufzuschlagen. Ausserdem ist die Entfernung zwischen den beiden Vorgebirgen, welche Strabo irrthümlich zu sechszig Stadien oder 11 100 Metern angiebt, die aber in Wirklichkeit 5500 Meter oder dreissig Stadien beträgt, nach der richtigen Bemerkung des Plinius (V, 33) mit den Angaben Homers über die Ausdehnung des griechischen Lagers in Widerspruch. So hält Agamemnon z. B., auf dem Verdeck des Schiffes des Odysseus stehend, mit aller Kraft seiner Stimme eine Rede, welche man sowohl im Zelte des Ajax, am linken Ende, als auch in dem des Achilleus, am rechten Ende vernimmt (*Ilias* VIII, 220–227).

Es ist wohl überflüssig zu bemerken, dass kein Mensch die Worte eines andern in einer Entfernung von mehr als einem Kilometer verstehen könnte.

Achilleus, am rechten Ende, hört den Hektor, am linken Ende, rufen (*Ilias* XVI, 77–78). Wie kann ein menschlicher Ruf mehr als zwei Kilometer weit verstanden werden?

Achilleus sieht von seinem Zelte, am rechten Ende, aus den Nestor, am linken Ende (*Ilias* XI, 597–600). Nun kann aber schwerlich jemand einen Menschen in einer Entfernung von zwei Kilometern erkennen, und gewiss nicht in einer Entfernung von fünf ein halb Kilometern.

Ausserdem würde das griechische Lager, wenn es sich von einem Vorgebirge zum andern ausgedehnt hätte, vom Skamander, dem Kalifatli-Asmak und dem *In-Tepe-Asmak* genannten Arm des Simois durchschnitten worden sein, während bei Homer jede Andeutung darüber fehlt, dass mitten durch das Lager ein Fluss gegangen sei.

Ein fernerer einleuchtender Beweis dafür, dass das griechische Lager nicht den ganzen Raum zwischen den beiden Vorgebirgen Sigeum und Rhöteum eingenommen haben kann, liegt darin, dass nach Homer (*Il.* X, 428) die Karier und Päonier, Troja's Hülfstruppen, am Meeresufer ihr Lager hatten, und nach Vers 434 desselben Gesanges die Thracier, ebenfalls kürzlich erst angekommene Bundesgenossen der Trojaner, sich am Ende des Ufers befanden.

Das Schilf, welches Odysseus am Ufer fand (*Ilias* X, 467), und der Reiher, ein Sumpfvogel, den Odysseus und Diomedes schreien hören (X, 274), lassen nicht bezweifeln, dass schon zur Zeit des trojanischen Krieges am Meeresufer Sümpfe waren.

Neunzehntes Kapitel

Nachweis aus der Iliade, dass der Raum zwischen dem griechischen Lager und Troja sehr klein war. – Die Furth des Skamander. – Das Grab des Ilus. – Der Erineos.– Die Buche.– Callicolone. – Ehemalige Vereinigung des Skamander und Simois bei Troja. – Nachweis aus Strabo, Lykophron und Virgil, dass Hektors Grab sich in Ophrynium befand. – Wahrscheinliche Stelle der *beiden Quellen*; auf welche Weise sie Veränderungen erlitten haben mögen. – Ruinen von Neu-Ilium. – Man kann leicht um die Stadt herumlaufen. – Imponirende Lage von Hissarlik.

Von Neu-Ilium bis Sigeum sind, wie ich schon gesagt habe, fünf Kilometer, eine Entfernung, die, wie ich oben, wo ich von Bunarbaschi sprach, nachgewiesen zu haben glaube, für die schnellen Bewegungen der Heere in der ersten Schlacht sogar zu gross erscheint.

Bei Anbruch des zweiten Tages wird Idaios von den Trojanern ins griechische Lager geschickt, um einen Waffenstillstand vorzuschlagen, damit die Todten verbrannt werden können (*Il.* VII, 381). Die versammelten Griechen willigen ein; Idaios bringt diese Nachricht nach Troja zurück; die Trojaner tragen die Leichname und Holz herbei; jetzt erst geht die Sonne auf (VII, 421).

Am dritten Tage nach Sonnenuntergang (VIII, 485) lässt Hektor die Trojaner sich am Ufer des Skamander lagern (VIII, 489–490), und befiehlt, rasch von der Stadt Stiere und Schafe herbeizuholen VIII, 505–506), die man *sogleich* von Troja bringt (VIII, 545–546). Aber diese Thiere gehen nur langsam, besonders in der Nacht, und sie kommen nichtsdestoweniger *schnell* an, καρπαλίμως. Der Raum zwischen dem griechischen Lager und Troja muss also sehr klein und der Skamander ganz nahe bei der Stadt gewesen sein. Wie das alte Bett des Skamander auch wirklich beweist, vereinigte sich dieser Fluss in einer Entfernung von 1700 Metern von Ilium mit dem Simoïs (Dumbrek-Su) und floss darauf nordwestlich dem Meere zu.

Strabo (XIII, 1 S. 106 *Tauchnitzer Ausgabe*) bestätigt die Vereinigung dieser beiden Flüsse ganz nahe bei Troja.

Der Skamander floss zwischen dem griechischen Lager und Ilium, sodass die Griechen sich der Stadt nicht nähern konnten, ohne die Furth des Flusses zu passiren, welche *Il.* XIV, 433 und XXIV, 350 erwähnt wird. Ganz nahe bei dieser Furth, in der Richtung auf Troja, war das Grabmal des Ilus (XXIV, 349); Hektor, der mit seinem Heere auf dem rechten Ufer des Skamander gelagert war (VIII, 560), hielt Kriegsrath in der Nähe dieses Grabes (X, 415). Das Grab des Ilus war auch ganz nahe bei dem Erineos oder wilden Feigenbaum, sowie bei der Buche und dem skäischen Thore (XI, 166–170). Der Erineos stand unter den Mauern Troja's (XXII, 145 und VI, 433–434):

> Λαὸν δὲ στῆσον παρ᾽ ἐρίνεον, ἔνθα μάλιστα
> Ἄμβατος ἔστι πόλις, καὶ ἐπίδρομος ἔπλετο τεῖχος.

„Stelle das Heer neben dem wilden Feigenbaume auf, wo man die Stadt am leichtesten ersteigen und die Mauern erstürmen kann."

Auf den 1700 Metern, welche die Mauern Troja's von der Furth des Skamander trennten, befand sich also zunächst die Buche und der wilde Feigenbaum unter, oder fast unter den Mauern, und das Grab des Ilus bei der Fürth des Skamander.

Andererseits könnte die grosse Nähe des Skamander und des griechischen Lagers nicht besser bezeichnet werden, als durch die schönen Verse (*Il.* X, 11–13):

> Ἤτοι ὅτ᾽ ἐς πεδίον τὸ Τρωϊκὸν ἀθρήσειεν,
> Θαύμαζεν πυρὰ πολλὰ, τὰ καίετο Ἰλιόθι πρὸ
> Αὐλῶν συρίγγων τ᾽ ἐνοπὴν, ὅμαδόν τ᾽ ἀνθρώπων.

„Agamemnon blickt über die trojanische Ebene, und die grosse Zahl der vor Ilium angezündeten Feuer, der Ton der Schalmeien und Flöten, der Lärm der Krieger setzen ihn in Erstaunen."

Es war Nacht; das trojanische Heer lagerte am Ufer des Skamander (VIII, 490), zur Seite der griechischen Schiffe (VIII, 560); die Krieger hatten in ihrem Lager tausend Feuer angezündet (VIII, 562), und dies Lager war so nahe bei Troja, dass Homer sagen konnte, diese Feuer brannten vor Ilium (VIII, 561). Auch Agamemnon glaubte, wie aus den oben angeführten Versen sich ergiebt, die Feuer brennten vor Troja. Diese Auffassung ist ganz natürlich; denn vom Skamander bis zu den Mauern von Troja waren ja, wie ich schon oben angab, nur 1700 Meter. Andererseits war das troische Lager am Skamander so nahe bei dem griechischen, dass Agamemnon von seinem Zelte aus den Ton der Schalmeien und Flöten der Trojaner und ihren Kriegslärm hörte.

Diese eine Stelle bei Homer würde schon hinreichen, den groben Irrthum des Demetrios von Skepsis und des Strabo, Troja nach Ἰλιέων κώμη, 30 Stadien oder

5500 Meter über Neu-Ilium hinaus, also 11 000 Meter vom griechischen Lager zu verlegen, vollständig zu beweisen.

Wer kann den Ton der Flöten und Schalmeien 11 000 Meter weit hören? Da ausserdem das Lager der Trojaner am Ufer des Skamander 7250 Meter von Ἰλιέων κώμη entfernt wäre, so hätte Homer nicht wiederholt sagen können, die Feuer brannten vor Troja, wenn Troja diese Stelle eingenommen hätte.

Wenn es also vernunftwidrig ist, Troja nach Ἰλιέων Κώμη zu verlegen, so ist es dies in noch höherem Grade, zu behaupten, Troja habe die Höhen von Bunarbaschi eingenommen, weil die Entfernung des trojanischen Lagers am Skamander bis Bunarbaschi ungefähr 11 Kilom. beträgt. Ich werde aber noch andere Beweise zur Unterstützung meiner Ueberzeugung beibringen, dass der Raum zwischen Troja und dem griechischen Lager sehr unbedeutend war.

Am vierten Tage, an welchem die dritte grosse Schlacht geliefert wurde, wird der Sonnenaufgang gemeldet (*Il.* XI, 1) und der Mittag (XI, 84–86). Am Nachmittage werfen die Griechen die Trojaner bis an das skäische Thor zurück (XI, 166–170), und werden ihrerseits wiederum bis an die Schiffe zurückgedrängt, wo ein furchtbarer Kampf beginnt (XII, 35; XIV, 439). Die Trojaner werden von neuem zurückgeworfen (XV, 6–8), und drängen zum zweiten Male die Griechen bis an die Schiffe zurück (XV, 343–345), wo ein furchtbares Gemetzel entsteht.

Patroklos treibt die Trojaner bis an die Mauern Troja's und versucht sogar drei Mal, sie zu ersteigen (XVI, 702); die Griechen kämpfen bis zum Abend am skäischen Thore (XVIII, 453).

Also auch in dieser dritten Schlacht überschreiten die Griechen, wie in der ersten, an einem Nachmittage wenigstens vier Mal den Raum zwischen dem Lager und Troja, trotz der langen Kämpfe bei den Schiffen, in der Ebene und unter den Mauern Troja's.

Beim Beginn der letzten in der Iliade erzählten Schlacht bewaffnen sich die Griechen in der Nähe ihrer Schiffe, und die Trojaner „ἐπὶ θρωσμῷ πεδίοιο", d. h. *auf dem Hügel der Ebene zwischen dem Simois und dem Skamander* (*Il.* XX, 1–3). Die Götter nehmen am Kampfe Theil, besonders Minerva und Mars. Minerva feuert die Griechen durch ihren Zuruf vom Walle hinter den Schiffen und vom Meeresufer an, während Mars die Trojaner zum Streite erregt, indem er ihnen bald von der Höhe von Pergamus, bald von Callicolone aus zuruft (*Il.* XX, 48–53):

Αὖε δ' Ἀθήνη
Στᾶσ' ὅτε μὲν παρὰ τάφρον ὀρυκτὴν τείχεος ἐκτός,
Ἄλλοτ' ἐπ' ἀκτάων ἐριδούπων μακρὸν ἄΰτει.
Αὖε δ' Ἄρης ἑτέρωθεν, ἐρεμνῇ λαίλαπι ἶσος,
Ὀξὺ κατ' ἀκροτάτης πόλιος Τρώεσσι κελεύων,
Ἄλλοτε πὰρ Σιμόεντι θέων ἐπὶ Καλλικολώνῃ.

„Minerva rief, indem sie bald an dem Rande des vor dem Walle der Griechen gezogenen Grabens sich aufhielt, bald an dem widerhallenden Ufer. Von der andern Seite stiess Mars, ähnlich der finstern Sturmwolke, ein helles Geschrei aus, den Trojanern bald von der Höhe der Stadt gebietend, bald auf Callicolone, in der Nähe von Simois laufend."

Diese schöne Stelle beweist von neuem, dass die Citadelle von Troja ganz in der Nähe von dem Hügel der Ebene zwischen dem Simois und Skamander lag, und dann, dass Callicolone einer von den schönen Hügeln im Osten von Hissarlik ist, welche das reizende Thal begrenzen, durch welches der Simois (Dumbrek-Su) von Osten nach Westen fliesst.

Aus den Versen *Il.* V, 773–774 ergiebt sich, dass die Vereinigung des Skamander und des Simois ganz nahe bei Troja stattfand:

Ἀλλ' ὅτε δὴ Τροίην ἷξον ποταμώ τε ῥέοντε,
ἦχι ῥοὰς Σιμόεις συμβάλλετον ἠδὲ Σκάμανδρος.

„Aber als die Göttinnen sich Troja und den beiden Flüssen näherten, dort, wo die Fluthen des Simois mit denen des Skamander sich vereinigen ..."

Wie gering der Raum zwischen dem griechischen Lager und Troja war, ergiebt sich auch aus den Versen XXIV, 662–663:

Οἶσθα γὰρ, ὡς κατὰ ἄστυ ἐέλμεθα, τηλόθι δ' ὕλη
Ἀξέμεν ἐξ ὄρεος ...

„Denn Du weisst, wie wir in die Stadt eingeschlossen sind, und fernher vom Gebirge das Holz holen müssen."

Priamus bittet den Achilleus, einen Waffenstillstand auf elf Tage für die Bestattung des Hektor zu bewilligen, denn die Stadt sei durch die Belagerung zu sehr eingeschlossen, und man müsse das Holz weither vom Gebirge holen. Er hätte gar keinen Grund gehabt, hierüber zu klagen, wenn die Stadt auf der Stelle von ?ëéÝùí ?þìç oder von Bunarbaschi gestanden hätte, denn die Trojaner würden dann auf der Gebirgsseite von den Griechen nicht beunruhigt worden sein.

Das soeben erwähnte Leichenbegängniss Hektors veranlasst mich, an dieser Stelle zu bemerken, dass nach Strabo (XIII, 1 S. 103 *Tauchnitzer Ausg.*) auf einem Hügel zu Ophrynium das dem Hektor geweihte Wäldchen stand. Ophrynium sucht man in Palaio Castron am Hellespont, östlich von Rhöteum, bei den Quellen des Simoïs. Nach dem im ganzen Alterthume verbreiteten Glauben soll Hektor in diesem Wäldchen begraben worden sein. So lesen wir bei Lykophron, dass Kassandra, die Zukunft vorausschauend, zu Hektor sagte: „O, mein Bruder! meinem Herzen theuer, Vertheidiger unserer Paläste und unseres Vaterlandes, Du wirst nicht vergeblich die Altäre mit dem Blute der Stiere geröthet und so viele Erstlinge und Opferthiere Dem dargebracht haben, welcher die Throne von Ophion bestieg. Dieser Gott wird Dich in sein Geburtsland einführen, in die gefeiertste Stelle Griechenlands. Du wirst die Inseln der Seligen bewohnen, grosser Held, der Du bestimmt bist, die Pfeile der Pest abzuhalten, wann das Volk des Ogyges, – das einstmals Kadmos säete, als er von einer Schaar Krieger gedrängt wurde, welche das Land, die Tempel und die Paläste von Teneros verwüsteten, – gehorsam der Stimme des Gottes der Heilkunst, Dich aus den Gräbern von Ophrynium hinwegnehmen und in die Mauern von Kalydnos, im Lande der Aonier, bringen wird." (Nach Choiseul.)

Für diejenigen meiner Leser, welche nicht Philologen sind, füge ich die Bemerkung bei, dass Lykophron ein berühmter Grammatiker und Dichter war und zu Alexandria in Egypten ums Jahr 280 v. Chr. unter der Regierung Ptolemäos II. Philadelphos lebte. Sein Gedicht Kassandra wird als ein Wunder von Gelehrsamkeit angesehen, eine Frucht langer und mühsamer Studien.

Virgil erzählt, dass Andromache sich wieder verheirathete, und zwar mit Priamos Sohne Helenos, welcher König von Chaonien geworden war; ferner, dass sie, nicht fern von der Stadt im Schatten eines heiligen Wäldchens, am Ufer eines falschen Simoïs, der Asche Hektors feierliche Opfer darbrachte, bei einem aus grünem Rasen errichteten Kenotaphion seine Manen beschwor, und am Fusse zweier Altäre, welche ihr Thränen verursachten, weinte (*Aeneis* III, 302–305):

Ante urbem in luco falsi Simoentis ad undam
Libabat cineri Andromache, Manasque vocabat

Hectoreum ad tumulum, viridi quem cespite inanem
Et geminas, causam lacrymis sacraverat aras.

Die in diesen beiden Stellen enthaltenen Andeutungen stimmen vollkommen mit der Lage von Troja *(Neu-Ilium)*, dem Simoïs *(Dumbrek-Su)* und dem Grabe Hektors im Wäldchen von Ophrynium *(Palaio Castron)*, nahe am Ufer des Simoïs, überein.

Hektor wurde wie ein Gott verehrt (*Ilias* XXII, 393–394):

Ἠράμεθα μέγα κῦδος · ἐπέφνομεν Ἕκτορα δῖον,
ᾧ Τρῶες κατὰ ἄστυ, θεῷ ὣς εὐχετόωντο.

„Wir haben einen grossen Sieg davongetragen; wir haben den göttlichen Hektor getödtet, den die Trojaner in ihrer Stadt wie einen Gott verehrten."

Es ist deshalb nicht der geringste Zweifel, dass das Andenken an diesen göttlichen Helden, die einzige Stütze und den einzigen Ruhm des trojanischen Volkes, sich bei den Nachkommen dauernd erhalten und sein Grab als Gegenstand der Verehrung durch die Tradition im ganzen Alterthum vollkommen bekannt sein musste. Ich protestire deshalb hier noch einmal gegen alle diejenigen, welche in ihrem blinden Glauben an das Dogma von Bunarbaschi-Troja behaupten, nach einunddreissig Jahrhunderten die Lage von Hektors Grabe besser zu kennen, als man sie neun Jahrhunderte nach seinem Tode gekannt hat, und die Identität dieses Grabmals mit einem der drei Grabhügel auf den Höhen von Bunarbaschi annehmen.

Als Achilleus noch kämpfte, stritt Hektor ganz nahe an den Mauern Troja's und wagte es nicht, sich vom skäischen Thore und der Buche zu entfernen (*Il.* IX, 352–354). Seit Beginn des Krieges wagten die trojanischen Frauen nicht mehr zur Stadt hinauszugehen, um ihre Wäsche in den beiden Quellen zu waschen (*Il.* XXII, 153–156).

Hätte Troja auf der Stelle von Bunarbaschi, also vierzehn Kilometer vom griechischen Lager gelegen, so würde Hektor sich auf eine gute Strecke von Troja haben entfernen können, ohne Gefahr zu laufen, dem Achilleus zu begegnen; und die trojanischen Frauen hätten nach wie vor ungestört ihre Wäsche in den beiden Quellen am Fusse der Stadtmauer waschen können, ohne Gefahr, dabei von den Griechen überrascht zu werden, die sie aus der Ferne hätten sehen können. Da aber Troja ganz nahe beim griechischen Lager war, so fürchtete

Hektor, von Achilleus überfallen zu werden, und die Frauen konnten ihre Wäsche nicht mehr waschen, ohne sich der Gefahr auszusetzen, in die Hände der griechischen Truppen zu fallen.

Die beiden Quellen, die eine heiss, die andere kalt, lagen ohne Zweifel in dem Sumpfe unmittelbar unterhalb Ilium auf der Nordseite, in demselben Sumpfe, in welchem Odysseus und Menelaus in Hinterhalt lagen (*Od.* XIV, 469–475). Man darf indess dem Verschwinden dieser beiden Quellen keine Bedeutung beilegen; denn heisse wie kalte Quellen sind immer zufällige Naturerscheinungen, welche in Troas, einem in hohem Grade vulkanischen und an heissen Quellen reichen Lande, in Folge der sehr häufigen Erdbeben plötzlich entstehen und wieder verschwinden. Frank Calvert hat beobachtet, dass in neuerer Zeit mehrere dieser heissen Quellen verschwunden und wieder erschienen sind. Erst vor drei oder vier Jahren war dies während eines Erdbebens mit den heissen und salzigen Quellen von Tongla der Fall, welche erst nach mehreren Monaten wieder zum Vorschein kamen. Die heisseste Quelle *in der Ebene von Troja selbst* liegt jetzt 2 Kilometer vom Dorfe Akchi-Kevi und hat eine beständige Temperatur von 22°.

Am Fusse des Hügels von Hissarlik sind mehrere Quellen mit gutem Wasser. Der Hügel von Hissarlik ist, wie ich schon bemerkt habe, die Fortsetzung oder das äusserste Ende eines Bergrückens, der aber nicht, wie Strabo behauptet, unübersteiglich ist.

Die Stelle von Neu-Ilium, 5 Kilometer im Umfange, wird durch die Ringmauern, von denen man an manchen Stellen die Ruinen noch heute sieht, gut markirt. Die Abhänge, welche man auf- und absteigen muss, wenn man die Runde um die Stadt macht, sind so sanft, dass man im Laufschritt über sie hinweg gehen kann, ohne der Gefahr zu fallen ausgesetzt zu sein. Als Hektor und Achilleus dreimal um die Stadt liefen, legten sie also 15 Kilometer zurück, und ein solcher Lauf hat nichts Ausserordentliches; denn als ich in Japan in Gesellschaft von fünf japanischen Beamten die 38 Kilometer von Yokohama nach Yeddo durcheilte, folgten uns sechs Stallknechte zu Fuss, welche an Schnelligkeit mit den Pferden wetteiferten.

Obgleich ich hinlänglich dargethan zu haben glaube, dass Hissarlik in jeder Beziehung in vollständiger Uebereinstimmung mit allen Angaben steht, welche uns Homer über Ilium liefert, so will ich doch noch hinzufügen, dass man, so wie man den Fuss auf die trojanische Ebene setzt, sofort beim Anblick des schönen Hügels von Hissarlik von Erstaunen ergriffen wird, der von der Natur dazu bestimmt zu sein scheint, eine grosse Stadt mit ihrer Citadelle zu tragen. In der That würde diese Stellung, wenn sie gut befestigt wäre, die ganze Ebene von Troja beherrschen, und in der ganzen Landschaft ist kein Punkt, der mit diesem verglichen werden kann.

Von Hissarlik aus sieht man auch den Ida, von dessen Gipfel Jupiter die Stadt Troja überschaute (*Il.* VIII, 47–52).

Zwanzigstes Kapitel

Grab des Aesyetes. – Grabhügel der Batieia oder Grab der Amazone Myrine. – Udjek-Tepe kann nicht das Grab des Aesyetes sein. – Türkische Kirchhöfe voll alter Bildwerke. – In-Tepe oder Grab des Ajax. – Ruinen von Rhöteum. – Der Boden der Ebene von Troja kann nicht angeschwemmtes Land sein. – Grosse Seen am Meeresufer. – Reissende Strömung des Hellespont. – Grabhügel des Patroklus, Archilochus und Achilles. – Ruinen der Stadt Achilleion. – Die Stadt Sigeum. – Besuch und Opfer Alexanders des Grossen und Caracalla's am Grabe des Achilles.

Strabo (XIII, 1 S. 109 *Tauchnitzer Ausgabe*) führt noch als Beweis gegen die Identität von Neu-Ilium und dem Ilium des Priamus die Verse (*Il.* II, 791–794) an:

> Εἴσατο δὲ φθογγὴν υἷϊ Πριάμοιο Πολίτῃ,
> Ὃς Τρώων σκοπὸς ἷζε, ποδωκείῃσι πεποιθώς,
> Τύμβῳ ἐπ᾽ ἀκροτάτῳ Αἰσυήταο γέροντος,
> Δέγμενος, ὀππότε ναῦφιν ἀφορμηθεῖεν Ἀχαιοί.

„Iris glich an Stimme Polites, dem Sohne des Priamus, der, im Vertrauen auf die Schnelligkeit seiner Füsse, als Wache oben auf dem Grabeshügel des alten Aesyetes sass, um zu erspähen, wann die Achäer aus den Schiffen hervorstürmen würden.“

Strabo fügt hinzu: wenn Troja an der Stelle von Neu-Ilium gestanden hätte, so würde Polites die Bewegungen der Griechen bei den Schiffen besser von der Höhe von Pergamus aus haben beobachten können, als vom Grabhügel des Aesyetes, welcher auf dem Wege nach Alexandria-Troas, 5 Stadien (925 Meter) von Neu-Ilium liegt.

Wenn Strabo's Voraussetzung sich bestätigte, so hätte er vollkommen Recht; aber er ist offenbar durch Demetrius von Skepsis rücksichtlich der Identität dieses Grabhügels mit dem Grabe des Aesyetes irregeführt worden. Strabo sagt, dasselbe habe 5 Stadien (925 Meter) von Neu-Ilium, auf der Strasse nach Alexandria-Troas gelegen, also im Südwesten von Ilium, im Thale, auf der Hälfte Weges zwischen der Stadt und dem Skamander, und an dieser Stelle entspricht es vollkommen der Lage des Grabhügels Batieia, dem Grabe der Myrine, über welches sich bei Homer folgende schöne Verse finden (*Il.* II, 811–815):

Ἔστι δέ τις προπάροιθε πόλιος αἰπεῖα κολώνη
Ἐν πεδίῳ ἀπάνευθε, περίδρομος ἔνθα καὶ ἔνθα.
Τὴν ἤτοι ἄνδρες Βατίειαν κικλήσκουσιν,
Ἀθάνατοι δέ τε σῆμα πολυσκάρθμοιο Μυρίνης·
Ἔνθα τότε Τρῶές τε διέκριθον ἠδ' ἐπίκουροι.

„Vor der Stadt, seitwärts in der Ebene, erhebt sich ein steiler, freistehender Hügel, den die Menschen Batieia, die Unsterblichen das Grab der gewandten Myrine nennen; dort stellten sich gesondert die Trojaner und ihre Verbündeten auf."

Nach Strabo war diese Myrine eine der Amazonen (*Strabo* XIII, 4 S. 147), welche Troja belagerten (*Ilias* III, 189–190; *Herodot* IX, 27).

Nach der Angabe „ἀπάνευθε", *seitwärts,* in der Ebene, welche durch die Verbindung des Skamander und Simoïs eingeschlossen wird, lag der Grabhügel der Myrina ausserhalb der Marschlinie der griechischen und trojanischen Truppen, und so hat Homer nur einmal Gelegenheit gehabt, von ihm zu sprechen, während er oft vom Feigenbaum und der Buche spricht, weil sie auf dem Wege standen, den die Heere durchzogen.

Die periodischen Ueberschwemmungen des Skamander mögen allmälig den Grabhügel Batieia unterminirt und weggespült haben, denn es ist keine Spur mehr von ihm vorhanden.

Der Grabhügel Udjek-Tepe, in dem man ganz irriger Weise das Denkmal des Aesyetes erkennen will, befindet sich auch in der Richtung von Hissarlik nach Alexandria-Troas, nicht 925, sondern 7000 Meter von Hissarlik, und 12 000 Meter vom griechischen Lager. Mit blossem Auge kann man selbst auf die Hälfte dieser Entfernung niemand erkennen, und sogar die Schiffe erscheinen nur als kleine Puncte.

Strabo's Irrthum ist verzeihlich, weil er nur die eigennützigen Lügen des Demetrius von Skepsis wiederholt; unverzeihlich aber ist der Irrthum derjenigen, welche fest an die Identität von Bunarbaschi und der Stelle von Troja glauben, und selbst nachdem sie die Ebene von Troja und Udjek-Tepe besucht haben, noch immer behaupten, dieses Denkmal sei das Grab des Aesyetes, von wo aus Polites die Bewegungen der Griechen bei den Schiffen erspähete. Ich fordere alle diese Schriftsteller und Vertheidiger einer vernunftwidrigen Annahme auf zu beweisen, dass jemals ein Mensch auf eine Entfernung von 6 Kilometer (die Hälfte des Weges von Udjek-Tepe nach dem griechischen Lager bei Sigeum) einen andern erkennen könne. Ausserdem beträgt die Entfernung von Bunarbaschi bis Udjek-Tepe 6 Kilometer, dagegen die von Bunarbaschi bis zum griechischen Lager 14 Kilometer. Es giebt wahrlich nichts Absurderes, als sich einzubilden, Polites habe 12 Kilometer (hin und zurück) gehen können, um 12 Kilometer statt 14 vom griechischen Lager zu sein.

Vielmehr müssen wir dem Grabe des Aesyetes seine Stelle zwischen der Furth des Skamander und dem griechischen Lager anweisen; aber etwa 1 Kilometer nordöstlich oder südwestlich ausserhalb der geraden Linie zwischen diesen beiden Puncten; denn hätte sich dasselbe auf dem Schauplatze der Schlachten und der Heeresmärsche befunden, so würde es Homer öfter als einmal erwähnt haben.

Bei dieser Gelegenheit will ich noch die Bemerkung machen, dass der Grabhügel Udjek-Tepe, *das falsche Grab des Aesyetes,* welches ich besucht habe, wie alle Grabhügel der trojanischen Ebene, von kegelförmiger Gestalt ist; er hat 25 Meter Höhe und 130 im Durchmesser an seiner Grundfläche. Man kann sich eine Vorstellung von der Grösse dieses Grabmals machen, wenn man nach der Bemerkung von Lenz bedenkt, dass die höchsten Häuser von Paris nicht über 22 Meter hoch und wenige über 22 Meter lang und breit sind.

Erst um drei Uhr Nachmittags brach ich mit meinem Führer und den Arbeitern auf. Wir passirten die Dörfer Kalifatli und Kum-Kevi, deren Kirchhöfe, nach Art von Grabdenkmälern, eine Menge Säulen und Bildwerke jeder Art enthalten, die man von der Stelle Neu-Iliums genommen hat.

Hierauf folgten wir dem Laufe des In-Tepe-Asmak, welcher, wie ich schon gesagt habe, der Hauptarm des Dumbrek-Su (Simoïs) ist, und bei seiner Wendung gegen Norden den Namen *In-Tepe-Asmak* von dem Grabe des Ajax erhält, welches *In-Tepe* genannt wird, in dessen Nähe er sich ins Meer ergiesst.

Dieser 600 Meter vom Ufer liegende Grabhügel ist aus Erde aufgeworfen. Man hat ihn geöffnet und in seinem untern Theile einen langen, 1 Meter 17 Centimeter hohen und ebenso breiten gewölbten Gang aus Ziegelsteinen entdeckt; im obern Theile sieht man zwei Mauern, Reste eines kleinen, runden Tempels von 3 Meter 34 Centimeter im Durchmesser.

Nach Strabo (XIII, 1 S. 103 *Tauchnitzer Ausg.*) enthielt dieser Tempel eine Statue des Ajax, welche Marcus Antonius wegnahm und der Kleopatra schenkte; Octavius Augustus gab sie den Rhöteern zurück.

Das Mauerwerk ist augenscheinlich römisch. Wir lesen auch wirklich bei Philostratus (*Heroika* I), dass dieser kleine Tempel vom Kaiser Hadrian wiederhergestellt worden ist. Plinius (V, 33) erwähnt, dass in der Nähe dieses Grabes die Stadt Aeantium gestanden hatte, welche zu seiner Zeit schon nicht mehr vorhanden war. Der Ufersand hat wahrscheinlich die Ruinen dieser Stadt verschüttet, denn man sieht von ihr keine Spur mehr.

Auf dem höchsten Hügel des Vorgebirges Rhöteum, welches sich ungefähr 50 Meter über den Meeresspiegel erhebt, scheint die Stadt Rhöteum „Ῥοίτειον πόλις" gelegen zu haben, denn der Gipfel ist mit zahlreichen Bruchstücken von Ziegeln und Töpferwaaren bedeckt.

Von hier aus folgte ich der Küste in westlicher Richtung nach dem Vorgebirge Sigeum zu, indem ich immer aufmerksam die Beschaffenheit des Bodens untersuchte, um zu sehen, ob er, wie Strabo behauptet, erst nach dem trojanischen Kriege aus angeschwemmtem Lande entstanden sein könne. Die stufenweise Erhebung des ganzen Abhanges der In-Tepe-Kette liess mich sofort die Annahme zurückweisen, dass dort jemals habe ein Meerbusen sein können, und ich wurde vollkommen von der Richtigkeit meiner Ansicht überzeugt, als ich die hohen und steilen Ufer des kleinen Flusses In-Tepe-Asmak und des Baches Kalifatli-Asmak, nahe ihrer Mündung, auf einem sumpfigen Terrain sah.

Wäre dieses Terrain aus den Anschwemmungen der Flüsse entstanden, so könnten die Ufer dieser Flüsse nicht eine senkrechte Höhe von 2 bis 4 Metern an Stellen haben, wo der Boden sumpfig und weich ist. Ausserdem sind auch die grossen, ungeheuer tiefen Salzseen am Ende der Ebene entschieden gegen die Annahme, dass die Ebene von Troja, ganz oder theilweise, durch Anschwemmung entstanden sein könne; denn wenn die Flüsse durch Anschwemmungen zur Bildung der Ebene beigetragen hätten, so würden diese Seen zuerst ausgefüllt worden sein. Die grosse Stomalimne, von welcher Strabo spricht (XIII, 1 S. 103 *Tauchnitzer Ausgabe*), ist noch vorhanden, und heute ohne allen Zweifel weder grösser noch kleiner, als zu Strabo's Zeit, denn das Wasser, welches durch Verdunstung aus der Lagune verloren geht, wird sofort durch das Eindringen des Meerwassers ersetzt; ausserdem führt die Strömung des Hellespont mit der Geschwindigkeit von drei Knoten in der Stunde alles fort, was die Flüsse anschwemmen, und setzt es bei den Untiefen links am Ausgange des Hellespont ab, einige Kilometer von der Ebene von Troja, und diese Strömung hat jederzeit ein Zunehmen der Küste verhindern müssen.

So ist die Behauptung Strabo's, dass der ganze zwischen der Küste und Hissarlik befindliche, folglich 4 Kilometer lange und ebenso breite Bodenraum, nach Homers Zeiten durch Anschwemmung entstanden sei, eine abgeschmackte Hypothese; es ist nichts weiter als eine von Demetrius von Skepsis erfundene Erdichtung, um zu beweisen, dass Neu-Ilium nicht das alte Troja sei.

Ich ging auf einer hölzernen Brücke über den Skamander, welcher nach seiner Mündung zu ein sehr breites und tiefes Bett hat und selbst im August ziemlich wasserreich ist. Auf seinem rechten Ufer ist ein künstlicher, kegelförmiger Hügel von 11 Meter Höhe und 40 Meter im Durchmesser an seiner Grundfläche, den man aufgegraben hat, ohne etwas gefunden zu haben.

Man zeigte mir einige Meter von diesem Denkmale eine kaum bemerkbare Bodenerhöhung, mit der Bemerkung, dass an dieser Stelle ein ähnlicher kegelförmiger Hügel gewesen wäre, den man, um Platz zu gewinnen, weggeräumt habe. Diese beiden Grabhügel deckten wahrscheinlich die Asche des Patroklus und Antilochus.

Zwei Kilometer weiter, am Ende der Ebene, auf einem kleinen, auf der einen Seite 8, auf der andern 17 Meter hohen Hügel, befindet sich ein anderer grösserer Grabhügel, welcher 53 Meter im Durchmesser an seiner Grundfläche hat, während seine Höhe in Folge der dort unternommenen Ausgrabungen um 8 Meter 34 Centimeter abgenommen hat. Dieses Grab wird mit Recht dem Achilles zugewiesen, denn seine Lage entspricht vollkommen den Worten, welche der Schatten des Agamemnon an den des Achilles in der Unterwelt richtet (*Od.* XXIV, 80–84):

> Ἀμφ᾽ αὐτοῖσι δ᾽ ἔπειτα μέγαν καὶ ἀμύμονα τύμβον
> Χεύαμεν Ἀργείων ἱερὸς στρατὸς αἰχμητάων
> Ἀκτῇ ἐπὶ προὐχούσῃ, ἐπὶ πλατεῖ Ἑλλησπόντῳ

Ὥς κεν τηλεφανὴς ἐκ ποντόφιν ἀνδράσιν εἴη
Τοῖς, οἳ νῦν γεγάασι, καὶ οἳ μετόπισθεν ἔσονται.

„Ueber der Urne errichteten wir, das heilige Heer der tapfern Griechen, ein untadliges Grabmal an dem Ufer, welches in den breiten Hellespontos vorspringt, damit es weithin sichtbar sei im Meere denen, die jetzt geboren sind, wie denen, die später werden geboren werden."

Unmittelbar im Süden von diesem Grabhügel ist der Boden mit Trümmern von Ziegeln und Töpferwaaren der alten Stadt Achilleion bedeckt, welche von den Mitylenäern erbaut wurde (*Strabo* XIII, 1 S. 110 *Tauchnitzer Ausgabe*). Die Einwohner dieser Stadt führten viele Jahre hindurch mit den Athenern Krieg, welche die Stadt Sigeum inne hatten, die in einer Entfernung von 1 Kilometer auf dem Gipfel des gleichnamigen Vorgebirges lag. Nach Strabo wurden beide Städte von den Einwohnern von Neu-Ilium zerstört. Zu seiner Zeit waren noch Ruinen von Sigeum vorhanden; da aber die neue Stadt Yenitscheri auf seiner Stelle erbaut worden ist, so ist jede Spur von Sigeum verschwunden. Auch Plinius (V, 33) bestätigt das Verschwinden von Sigeum und Achilleion.

Die Einwohner von Neu-Ilium brachten Todtenopfer nicht nur an den Gräbern des Achilles, des Patroklus und Antilochus, sondern auch am Grabe des Ajax dar (*Strabo* XIII, 1 S. 104). Alexander der Grosse opferte hier im Tempel des Achilles, welcher auf derselben Küste siegreich gewesen war, wo er, Alexander, gelandet war, um sich Kriegsruhm zu erwerben (*Plutarch, Leben Alexander's; Cicero pro Archia,* 10; *Aelian V. H.* 12, 7). Caracalla brachte mit seinem Heere dem Achilles Todtenopfer dar und veranstaltete Wettläufe um sein Grab (*Dio Cassius* LXXVII, 16).

Aus einer Stelle des Herodian (IV, S. 142) scheint sich zu ergeben, dass der Kaiser Caracalla, als er dieses Grab besuchte, auch seinen Patroklus haben wollte, um ein ähnliches Leichenbegängniss, wie Achilles für seinen Freund veranstaltete, feiern zu können. Festus, der vertraute Freund des Caracalla, stirbt plötzlich, und Herodian scheint anzudeuten, dass er an Gift stirbt, denn er sagt: „Ὡς μέν τινεσ ἔλεγον φαρμάκῳ ἀναιρεθείς." Sofort wird ein glänzendes Leichenbegängniss für ihn veranstaltet mit genauester Beobachtung aller der Feierlichkeiten, welche schön und ausführlich im 23. Gesange der Iliade von Achilles für Patroklus beschrieben sind. Sodann lässt Caracalla über der Asche des Festus einen kegelförmigen, dem des Patroklus ähnlichen Grabhügel errichten. Ich finde ihn in dem *Agios Demetrios Tepe* genannten Grabhügel wieder, auf dem hohen Gestade des ägeischen Meeres, 4 Kilometer im Süden von Sigeum, und kann mich nur wundern, dass Mauduit den In-Tepe-Hügel für dieses Grabmal hält, welches die Tradition als das Grab des Ajax bezeichnet. Er hat sich durch das darin befindliche römische Mauerwerk irreleiten lassen, welches ohne allen Zweifel von der schon erwähnten Wiederherstellung durch Hadrian herrührt.

Um noch einmal auf das grosse, am Ende des Vorgebirges Sigeum liegende Grab zurückzukommen, so hatte man im ganzen Alterthume die Ueberzeugung, dass es das Grab des Achilles wäre, und diese Ueberzeugung gründete sich ebensosehr auf die vollkommene Uebereinstimmung der Lage dieses Grabhügels mit der Stelle vom Lager des Achilles am rechten Ende der Ebene, wie auf die sich beständig gleichbleibende Tradition unter den Bewohnern des Landes.

Einundzwanzigstes Kapitel

Die Stadt Yenitscheri. – Schöne Rundsicht auf die Ebene von Troja. – Schlaflosigkeit auf dem Dache eines Stalles. – Grab des Festus. – Alter Kanal. – Ruinen. – Neochorion. – Der liebenswürdige Demarch Georgios Mengiussis und der gelehrte verkrüppelte Kaufmann A. Kolobos. – Beschika-Tepe. – Udjek-Tepe soll das Grab des Propheten Elias sein. – Ruinen einer Stadt. – Inschrift. – Rückkehr nach Bunarbaschi.

Nun begab ich mich nach der Stadt Yenitscheri auf dem Vorgebirge Sigeum, dessen Plateau sich ungefähr 80 Meter über den Meeresspiegel erhebt. Von hier geniesst man eine herrliche Aussicht über die ganze trojanische Ebene. Als ich mit der Iliade in der Hand auf dem Dache eines Hauses stand und hinausschaute, war mir, als sähe ich unter mir die Flotte, das Lager und die Versammlungen der Griechen, Troja und die Feste Pergamus auf dem Plateau von Hissarlik, die Märsche und Gegenmärsche und die Kämpfe der Truppen in der Ebene zwischen der Stadt und dem Lager.

Zwei Stunden hindurch liess ich so die Hauptbegebenheiten der Iliade an mir vorübergehen, bis die Dunkelheit und heftiger Hunger mich zwangen hinabzusteigen.

Ich ging in ein Kaffeehaus und entliess die fünf Arbeiter; gegen meine Erwartung hatte ich keine Gelegenheit gehabt, sie in Hissarlik zu gebrauchen;

denn ohne auch nur Ausgrabungen zu versuchen, hatte ich die volle Ueberzeugung gewonnen, dass hier das alte Troja gestanden; auch war für grosse Ausgrabungen die Jahreszeit nicht günstig, weil im August das Klima in der Ebene pestilenzialisch und der Boden zu trocken ist. April und Mai sind die beste Zeit.

Da ich seit sechs Tagen nichts als schwarzes Gerstenbrod und Wasser genossen hatte, verlangte ich im Kaffeehause Fleisch. Man brachte schnell ein Huhn herbei, und wollte es zubereiten. Aber das arme Thier schien sein Schicksal zu ahnen und fing so heftig zu schreien an, dass ich Mitleid mit ihm hatte und mich erbot, das Geld dafür zu bezahlen, wenn man es in Freiheit setzte. Trotzdem erhielt ich eine recht gute Abendmahlzeit, denn man brachte mir acht Eier, frisches Brod und Wein. Letzterer war von der benachbarten Insel Tenedos importirt, da man in der Ebene von Troja den Anbau des Weinstocks völlig vernachlässigt.

Man hatte für mich in einer gut aussehenden Stube ein Bett zurecht gemacht. Als ich aber auch hier die Wände voller Wanzen fand, dieser Geissel Kleinasiens, mochte ich nichts davon wissen und schlug auf dem Dache eines Stalles mein Lager auf. Kaum aber hatte ich mich niedergelegt, so fielen Tausende von Flöhen über mich her, die mir die ganze Nacht hindurch keinen Augenblick Ruhe liessen.

Am folgenden Tage um 5 Uhr Morgens reiste ich gegen Süden ab, indem ich immer den Höhen auf der rechten Seite der Ebene folgte. Ungefähr 4 Kilometer von Yenitscheri, am Ufer des ägeischen Meeres, kam ich an einem andern kegelförmigen Grabhügel vorbei, der jedenfalls noch nicht aufgegraben worden war, und wie ich schon gesagt habe, nach meiner Meinung das Grab des Festus ist.

Das Ufer hat an dieser Stelle 33 Meter Höhe. Der Grabhügel ist 15 Meter hoch und hat 53 Meter im Durchmesser an seiner Grundfläche.

Unmittelbar darauf passirte ich einen 1 Kilometer langen, alten künstlichen Kanal, der mitten durch das Vorgebirge in den Felsen gegraben ist. Jetzt liegen wohl 5 Meter Erde im Bette dieses Kanals, der seit Jahrhunderten aufgegeben zu sein scheint; seine Ufer mögen ursprünglich eine Höhe von 33 Metern gehabt haben.

Ein wenig weiter kam ich an einen flachen Hügel von 14 Meter Höhe, der in einer Ausdehnung von 166 Meter Länge bei 40 Meter Breite mit den cyklopischen Ruinen eines grossen Gebäudes, einer Citadelle oder eines Tempels bedeckt war.

Darauf passirte ich das schöne und grosse griechische Dorf Neochorion und kehrte in dem Hause des Demarchen Georgios Mengiussis, eines sehr liebenswürdigen und interessanten Mannes, ein, der sich beeilte, mir das Dorf und mehrere alte Bildwerke von vollendeter Ausführung zu zeigen, die er einige hundert Meter von seinem Hause bei Ausgrabungen am Abhange des Meeresufers entdeckt hatte. Jedenfalls hat im Alterthume am Ufer unterhalb Neochorion, und vielleicht sogar auf der Stelle dieses Dorfes, eine Stadt gestanden.

An dem Kaufmann Constantin A. Kolobos fand ich eine zweite sehr interessante Persönlichkeit, ein wahres Wunder von Gelehrsamkeit für dieses Land. Er spricht und schreibt vollkommen Italienisch und Französisch und versteht alle alten griechischen Schriftsteller so gut, dass es fast Staunen erregt. Seine Gelehrsamkeit ist mir um so unerklärlicher, als er sie sich durch eigene Studien erworben hat, da er an beiden Beinen verkrüppelt ist und noch nie sein Dorf verlassen hat. Weder sein unglücklicher Zustand, der ihn zwingt, immer zu sitzen und sich tragen zu lassen, noch seine Gelehrsamkeit verhindern ihn, Handel zu betreiben, durch den er sich bereits ein grosses Vermögen erworben hat.

Ungefähr 6 Kilometer weiter gelangten wir an einen andern Grabhügel von 12 Meter Höhe und 50 Meter im Durchmesser an der Grundfläche, welcher Beschika-Tepe heisst und ebenfalls noch nicht aufgegraben ist. Von hier wandten wir uns nach Osten, um den schon beschriebenen künstlichen Kanal zu besichtigen, welcher das Wasser des Bunarbaschi-Su ins ägeische Meer leitet.

Dann besuchten wir den Grabhügel Udjek-Tepe, den *falschen Grabhügel des Aesyetes*.

Ich habe bereits früher die ungeheuren Ausdehnungen dieses Grabhügels angegeben, der allein den Raum eines grossen Kirchhofs, wie sie bei uns gebräuchlich sind, einnehmen würde. Da er auf einem hochliegenden Terrain errichtet ist, so sieht man ihn vom Meere aus in weiter Entfernung.

Dieser Grabhügel ist noch von Niemandem aufgegraben worden; doch bemerkt man Höhlen von Wölfen und Füchsen darin. Er wird von den griechischen Bauern Μνῆμα Ἰλίου genannt, da sie, durch die Aehnlichkeit des

Namens getäuscht, glauben, der Prophet Elias sei darin begraben, und jedes Jahr kommt man am Feste dieses Heiligen in Schaaren, um an dem Grabe Gebete zu verrichten und Todtenopfer darzubringen, wie es die in grossen Massen vorhandenen Trümmer von Töpfergeschirr und die zahlreichen Feuerspuren auf dem Gipfel des Grabhügels bezeugen.

Ein Kilometer südlich kam ich an den Ruinen einer alten Stadt vorbei, welche schön und blühend gewesen zu sein scheint, denn ich fand dort zahlreiche Bruchstücke von marmornen Säulen und Bildwerken, ausserdem eine griechische, in einen Marmorblock eingegrabene Inschrift, die gegen das Ende der römischen Republik zurückzureichen schien. Unglücklicher Weise konnte ich sie nicht mitnehmen, denn der Marmorblock war zu gross und die Inschrift zu lang, um in wenigen Stunden eine genügende Abschrift zu nehmen.

Von hier kehrte ich nach Bunarbaschi zurück und übernachtete abermals auf dem Felsen neben den 34 oder 40 Quellen.

Zweiundzwanzigstes Kapitel

Neuer Besuch in Hissarlik. – Ophrynium. – Abreise nach Alexandria-Troas. – Eichenwald. – Grossartige Ruinen von Alexandria-Troas. – Alter Hafen. – Aus Säulen geschnittene Kanonenkugeln. – Musicirende Karren. – Das Dorf Ujik. – Der Dieb Topal. – Rückkehr nach Neochorion. – Meine Klage. – Abreise. – Grosse Anzahl von Schildkröten in der Ebene von Troja. – Rückkehr nach den Dardanellen. – Scheussliche Unsauberkeit im Gasthofe. – Frank Calvert's herrliche Alterthümersammlung.

Am folgenden Tage, den 16. August, brach ich abermals mit meinem Führer auf, um noch einmal Hissarlik zu besuchen, von wo wir zu dem herrlichen Thal des Dumbrek-Su (Simoïs) hinaufstiegen bis zu den Ruinen von Palaio-Castron, dem alten Ophrynium, Hektors Grabstätte.

Wir folgten darauf dem Laufe des Dumbrek-Su, der sich unter Kieseln und Sand oberhalb des Dorfes Halil-Eli verliert, unterhalb desselben aber wiedererscheint. Hier zweigt sich ein Bach von ihm ab, welcher durch den Sumpf auf der Nordseite von Hissarlik fliesst und sich mit dem kleinen Flusse Kalifatli-Asmak, in der Nähe des Dorfes Kum-Kevi, vereinigt, während, wie ich schon bemerkt habe, der Hauptarm des Dumbrek-Su von Halil-Eli zunächst gegen die

Hügelkette von Rhöteum nach Westen fliesst und dann eine Krümmung mit der Wendung nach Norden macht. Der schon erwähnte künstliche Kanal verbindet ihn in dieser Krümmung mit dem Kalifatli-Asmak. Er scheint auf diesem Wege viel Wasser aufzunehmen, denn von hier aus wird sein Bett breiter und tiefer. Seine Ufer sind sehr hoch und steil an seiner Mündung, welche die Form eines kleinen Hafens hat und deshalb Haranlik-Liman genannt wird.

Ich besuchte abermals die Mündung dieses Flusses und die des Kalifatli-Asmak, um noch einmal mit der grössten Aufmerksamkeit die Ufer derselben zu untersuchen, und mehr als jemals überzeugt, dass diese Ebene auf keinen Fall aus den Anschwemmungen dieser Flüsse entstanden sein kann, kehrte ich am Abend mit meinem Führer nach Bunarbaschi zurück und übernachtete von neuem an den Quellen.

Am folgenden Tage, den 17. August, ging ich 5 Uhr Morgens mit meinem Führer nach Alexandria-Troas, jetzt Iskistambul genannt.

Diese von Antigonus gegründete und von ihm *Antigonia* benannte Stadt wurde von Lysimachus vergrössert und verschönert, der zu Ehren Alexanders des Grossen ihr den Namen Alexandria-Troas gab. Sie liegt an der Küste des ägeischen Meeres, süd-südwestlich von der Ebene von Troja und ungefähr 20 Kilometer von Bunarbaschi.

Der Weg führte uns zuerst durch unbebaute, mit wilden Eichen und Fichten bedeckte Gegenden, dann durch schöne Eichenwälder, welche gleichfalls auf der Stelle der alten Stadt stehen. Ehe wir die Stadt selbst erreichten, kamen wir über mehrere türkische Kirchhöfe, deren Gräber alle mit prächtigen, aus Alexandria-Troas weggeführten Marmorbildwerken geschmückt sind.

Die 10 Meter breiten Stadtmauern bestehen aus zwei Reihen von Quadersteinen, unter denen viele 2 Meter 66 Centimeter Länge bei 1 Meter 34 Centimeter Breite haben. Der Raum zwischen diesen beiden Steinreihen wird durch ein Mauerwerk von kleinen Steinen und Ziegeln ausgefüllt. Mehrere Stadtthore sind noch an deutlichen Spuren zu erkennen. Bei jedem Schritt in der Stadt selbst trifft man auf Ruinen grosser Gebäude, und wenn der dichte Eichenwald nicht hinderlich wäre, so würde die Aussicht eine der herrlichsten und interessantesten sein.

Unter diesen Ruinen zogen besonders die von zwei runden Thürmen meine Aufmerksamkeit auf sich, welche jedenfalls zu einem Palaste gehört haben, ferner die Ueberreste einer ungeheuren Badeanstalt, von nicht weniger als 350

Meter Länge bei ebenso grosser Breite, deren Mauern 6 Meter 66 Centimeter dick sind und mehrere Bogen von 10 Meter Durchmesser enthalten.

Im Walde findet man hunderte von Marmorsäulen, theils liegen sie auf der Erde, theils stehen sie aufrecht. Sie lassen auf die ehemalige Pracht von Alexandria-Troas schliessen. Nach der Ausdehnung der Ruinen zu urtheilen, mag die Stadt eine Bevölkerung von 500,000 Seelen gehabt haben.

Nachdem ich sie in allen Richtungen durchwandert hatte, kam ich nach dem kleinen türkischen, mit der alten Stadt gleichnamigen Dorfe *Iskistambul,* und kehrte im Hause eines Türken ein, um zu frühstücken. Der brave Mann beeilte sich, mir Brod, Ziegenkäse, Eier, Rosinen, Melonen und Quellwasser vorzusetzen. Ich hatte gewaltigen Appetit, der durch den Anblick der äussersten, im Hause herrschenden Reinlichkeit noch gesteigert wurde. Für die Mahlzeit zahlte ich dem braven Türken 1 Fr. 40 Cent. Er war damit so zufrieden, dass er sich mir als Führer nach dem alten Hafen von Alexandria-Troas anbot.

Die Ausdehnung dieses kreisförmigen Hafens wird durch die Ruinen eines alten Duanenmagazins und anderer Bauwerke, sowie durch zahlreiche Säulen genau bezeichnet; sein Durchmesser kann nicht über hundert Meter betragen haben, und man begreift in der That nicht, wie dieser liliputanische Hafen für eine so grosse Stadt ausgereicht haben soll. Da der Eingang des Hafens auf der Meeresseite jetzt durch Sand verstopft ist, so ist nur noch ein kleiner Teich übrig.

Gegen 1 Uhr Nachmittags ging ich vom Dorfe Iskistambul in der Richtung der Ebene von Troja weiter ab, wo ich die Nacht zuzubringen gedachte.

Als ich dem Meeresufer entlang ging, sah ich eine ungeheure Menge Kanonenkugeln von Granit und Marmor, 33 bis 67 Centimeter im Durchmesser, welche, wie in den Arsenälen, in Haufen geschichtet waren. Diese Kugeln sind von den Türken aus den Säulen von Alexandria-Troas geschnitten worden.

Der Weg führte uns fast fortwährend durch unbebaute, mit wilden Eichen und Eichten bedeckte Felder.

Gegen halb fünf Uhr kam ich durch das nur von ackerbautreibenden Türken bewohnte Dorf Gikly, das auf der Stelle einer alten Stadt zu liegen scheint, denn in den Mauern der Brunnen, Häuser und Scheidewände sah ich überall Trümmer von Bildwerken; indess können diese auch von Alexandria-Troas hierhergebracht worden sein.

Die Einwohner des Dorfes waren gerade dabei, Korn zu dreschen und zu reinigen; Männer, Frauen und Kinder, alle waren bei dieser Arbeit. Für den Transport der Lasten bedienen sie sich zweirädriger Karren, deren Räder keine Felgen haben und aus einer mit einem eisernen Bande eingefassten Scheibe bestehen. Wie es scheint, werden die Achsen dieser Karren nicht geschmiert, denn sie machen, selbst in weiter Entfernung, eine die Ohren zerreissende Musik.

Mein Pferd war dermassen ermüdet, dass ich nur mit Mühe gegen neun Uhr Abends zum Dorfe Ugik gelangte, wo ich gezwungen wurde die Nacht zu bleiben. Auch hatte ich viele Gründe, mich über meinen Führer zu beklagen, der mich bei jeder Gelegenheit zu betrügen suchte. Ausserdem wünschte ich sobald wie möglich nach den Dardanellen zurückzukehren und suchte deshalb für den Morgen des folgenden Tages einen neuen Führer und zwei Pferde, aber alle meine Bemühungen waren vergeblich.

Endlich stellte sich mir ein Mann Namens Topal vor und sagte, er hätte für mich zwei gute Pferde gefunden, man fordere aber 50 Piaster, und er selbst beanspruche im Voraus ein Trinkgeld von 10 Piastern. Da meine Geduld zu Ende war, so nahm ich das Anerbieten an und bezahlte die 10 Piaster. Ich legte mich auf der Strasse vor einem Hause nieder, war aber kaum eingeschlafen, als derselbe Mensch zurückkam und auch die 50 Piaster im Voraus verlangte, da ich sonst am folgenden Tage die Pferde nicht bekommen könnte.

Da ich mir nicht anders helfen konnte, so bezahlte ich die 50 Piaster und schlief wieder ein. Halb zwei Uhr Morgens kam er wieder, weckte mich und sagte, die beiden Pferde ständen auf einem benachbarten Hofe bereit und lud mich ein, ihm zu folgen. Er führte mich in einen Hof, wo ich allerdings einen Menschen und ein Pferd fand. Auf meine Frage, wo das andere Pferd wäre, antwortete er mir: auf dem benachbarten Hofe, und verschwand. Der andere Mann band meine Reisetasche an das Pferd, und da erkannte ich trotz der Dunkelheit, dass dies der nämliche Schurke und die nämliche elende, abgemattete Rosinante waren, die mir seit mehreren Tagen soviel Verdruss verursacht hatten, und dass kein zweites Pferd da war.

Nun sah ich wohl ein, dass mich ein Spitzbube betrogen hatte; da er aber verschwunden war, so fiel ich über den andern Menschen her, der sein Mitschuldiger sein musste, und durch viele Drohungen gelang es mir, von ihm

48 Piaster zu erhalten, die ganze Summe, welche er nach seiner Behauptung von dem andern bekommen hatte.

Vor Allem wollte ich mich nun an dem Spitzbuben rächen, und nachdem ich für zehn Piaster einen Strassenjungen gemiethet hatte, um meine Reisetasche zu tragen, machte ich mich 3 Uhr Morgens nach dem 9 Kilometer entfernten Dorfe Neochorion zu Fuss auf den Weg, um dort meine Klage anhängig zu machen. Ich musste am Fusse des Grabhügels Udjek-Tepe vorbei, dessen ungeheure Ausdehnungen die Finsterniss noch zu vergrössern schien.

Wir liefen so schnell, dass wir um 4 Uhr, in Schweiss gebadet, zu Neochorion ankamen, wo ich in einem Kaffeehause einkehrte.

In Eile verfasste ich eine Klageschrift in griechischer Sprache und überreichte sie dem liebenswürdigen Demarchen Georgios Mengiussis, mit der Bitte, den Bösewicht Topal gefänglich einzuziehen, ihn zur Herausgabe der 12 gestohlenen Piaster zu zwingen, und sie an die Armen des Dorfes zu vertheilen.

Der Demarch entgegnete mir, er werde sogleich einen Gendarmen schicken, um den Schurken zu verhaften, denn er stände in grossem Verdacht, mehrere Viehdiebstähle begangen zu haben, und in Folge meiner Anzeige wäre kein Zweifel über seine Strafbarkeit wegen jener Diebstähle.

Ich schloss darauf mit dem Kaffeewirth Georgios Tirpos den Vertrag, dass er mir für 27 Piaster ein Pferd bis Rinkoi leihen und mich auf einem Esel dorthin begleiten sollte.

Wir ritten durch die Ebene von Troja und über die Höhen des Vorgebirges Rhöteum. So hatte ich noch einmal die Freude, den Skamander, Kalifatli-Asmak und Simoïs zu passiren und aus der Ferne Hissarlik, die Gräber des Ajax, Achilles, Patroklus u. s. w. zu sehen.

Als ich das hochliegende Terrain jenseits Troja passirte, sah ich seitwärts vom Wege einen 30 Centimeter langen und 16 Centimeter breiten Stein mit einer langen griechischen Inschrift, von der unglücklicher Weise die Hälfte fehlte. Ich brauche nicht erst zu bemerken, dass ich ihn trotzdem mitnahm, um ihn meiner Sammlung beizufügen.

Wie in Griechenland, tödtet man auch hier die Schildkröten nicht, und in Folge dessen sind sie in ungeheurer Anzahl vorhanden. Man trifft bei jedem Schritt Landschildkröten, und jeder Fluss, Bach oder Teich wimmelt von Wasserschildkröten.

Ich begreife wahrlich nicht, warum man diese Thiere nicht nach Frankreich ausführt, wo sie für eine sehr ausgesuchte Speise gehalten und theuer bezahlt werden. Mein Führer sagte mir, er sei überzeugt, zehn Arbeiter könnten in kurzer Zeit hunderttausend Schildkröten auflesen.

Als ich am Mittag zu Rinkoi angekommen war, miethete ich für 25 Piaster zwei Pferde zur Reise nach den Dardanellen, wo ich um 4 Uhr Nachmittags ankam. Ich kehrte in dem einzigen Gasthofe des Ortes ein und nahm ein Zimmer. Von Anstrengung ermüdet streckte ich mich auf dem Bette aus und schlief sofort ein. Kaum aber hatte ich eine Viertelstunde geschlafen, als ich wegen heftiger Schmerzen an Händen, Gesicht und Nacken aus dem Schlafe auffuhr und mich zu meinem grossen Schrecken abermals von Wanzen belagert fand, die ich erst mit vieler Mühe los wurde.

Unglücklicherweise fuhr kein Dampfboot vor dem 21. August nach Constantinopel ab, sodass ich drei Nächte in den Dardanellen zubringen musste.

Um nicht wieder vom Ungeziefer gepeinigt zu werden, nahm ich mein Nachtlager ausserhalb der Stadt auf dem Sande des Meeresufers und liess zwei griechische mit Pistolen und Dolchen bewaffnete Arbeiter bei mir wachen. Den Tag hielt ich mich auf dem nach dem Meere zugehenden Balcon meines Hôtels auf und beschäftigte mich mit Lectüre.

Meinen Aufenthalt in den Dardanellen benutzte ich namentlich zur Besichtigung der reichen Sammlung antiker Vasen und anderer merkwürdiger Sachen des geistreichen und unermüdlichen Archäologen Frank Calvert, welcher dieselbe bei seinen zahlreichen Ausgrabungen gefunden hat.